짧   게
간결하게
자신있게

톡
Talk

짧게
간결하게
자신있게

톡
Talk

김옥림 / 지음

짧지만 밀도있는 한마디 말의 힘

언어술사로 거듭나는
step-by-step 말하기 훈련

오늘의책

나만의 화법은
나만의 경쟁력이다

　현대는 인터넷의 발달로 블로그와 카페, 그리고 페이스북, 트
위터, 인스타그램 등의 SNS를 통해 자기 의사를 표현함으로써
자신을 적극적으로 알리는 시대다. 작가는 자신과 자신의 책을
알리는 수단으로, 연예인은 자신의 활동을 통해 홍보의 수단으
로, 사업을 하는 사람은 사업 마케팅의 수단으로, 만화가는 자기
만화를 널리 알리는 수단으로, 정치인은 자신의 의정활동을 알리
고 자신에 대한 지지를 탄탄히 하는 수단으로, 뮤지컬 제작자는
공연을 널리 알리는 홍보의 목적으로, 또한 각 개개인들은 자기
일상을 적극적으로 알림으로써 그에 반응하는 사람들을 통한 자
기만족의 수단으로 다양한 매체를 통해 자신을 적극 표현한다.
　자신을 알리는 매개체로는 언제 어디서든 손쉽게 사용할 수 있
는 스마트폰만 한 것이 없다. 손바닥보다도 훨씬 작은 스마트폰

만 있으면 모든 정보를 한눈에 볼 수 있고, 생활에 필요한 모든 것들을 한자리에서 다 해결할 수 있다. 즉 스마트폰이 많은 사람들에게 일상생활과 자기표현의 주요 매개체가 되고 있는 것이다.

그러나 이는 어디까지나 입이 아닌 기기를 통한 자기의사 표현이다. 사람들과의 직접 만남에서는 기기가 아닌 입이 매개체로 작용하고, 입을 통해 나오는 '말'이 그 모든 것을 좌우한다.

이때의 말은 단순한 말이 아니다. 때에 따라서는 그 사람의 능력으로 작용하게 된다. 따라서 말을 함부로 하거나 가볍게 할 수 없다. 말은 자신을 알리는 수단으로, 그리고 자신이 원하는 것을 얻게 하는 수단으로 작용한다. 말을 어떻게 하느냐에 따라 원하는 것을 얻을 수도 있고, 잃을 수도 있다.

그래서일까, 말 잘하는 사람이 성공한다는 이야기가 있다. 여기서의 말은 단순한 말이 아니라 성공의 수단으로서의 능력을 의미한다. 그렇다. 성공이든 실패든 인간의 모든 일들은 사람을 통해서 이루어지고, 그런 까닭에 사람과 사람 사이의 인간관계는 매우 중요하다. 여기서 인간관계를 이어주는 것은 바로 '말'인 것이다. 그래서 말을 잘하느냐 못하느냐는 매우 중요한 문제다.

자신이 바라는 것을 얻기 위해서는 상대방과의 대화에서 이겨야 한다. 설득이 필요할 땐 설득을 통해 상대를 자신의 생각 안으로 끌어들여야 한다. 만일 그러지 못하면 자신이 원하는 바를 얻는 것은 고사하고 상대방에게 끌려가게 되고 만다.

논쟁 또한 마찬가지다. 상대방을 이기기 위해서는 상대를 설득하고 자신의 의도대로 상대를 자기 생각에 따르게 해야 한다.

이기는 대화나 이기는 논쟁을 위해서는 말을 잘해야 하지만 단순히 말을 유창하게 하는 것이 아니라 말하는 기술, 즉 '화법'이 뛰어나야 한다. 화법이 대화와 논쟁을 좌우하기 때문이다.

화법을 잘 구사하기 위해서는 화법의 요소를 갖춰야 한다. 화법의 요소가 유기적으로 작용하게 되면 상대와의 대화를 유리하게 만들고, 논쟁에서 이길 확률을 높여준다.

말을 잘하는 것은 그저 말을 잘하는 것에 불과하다. 가령, 말은 잘하는데 예의가 없다면 그 사람은 그 자체만으로도 신뢰를 잃고 만다. 말만 번지르르하고 말과 행동이 다르다고 생각되기 때문이다. 말을 잘하는 데다 예의까지 잘 갖췄다면 신뢰를 받을 수 있다. 여기서 예의는 화법의 품격을 높이는 화법의 요소로서 중요하게 작용하는 것이다.

화법의 품격은 화법의 요소를 잘 구사했을 때 비로소 갖춰지는 것이다. 이 책에는 화법의 주요 요소가 일목요연하게 정리되어 있어 일상 대화에서나 논쟁에서 화법의 품격을 높이는 데 많은 도움이 될 것이다.

그렇다면 화법에는 어떠한 것이 있을까. 화법은 이야기하는 스타일과 상황에 따라 다양하게 구분할 수 있다. 몇 가지 예를 들어보면 절제화법, 촌철살인 화법, 직설화법, 유쾌한 화법 등이 있는데, 이 책에는 이 외에도 다양한 화법이 소개되고 있다. 각각의 화법에 대해 구체적으로 분석하고 정리하여 설명함으로써 독자들이 쉽게 이해할 수 있도록 하였으며, 그것을 하나하나 실천에 옮기는 데 도움이 되도록 구성했다.

또한 화법은 이 책에서 제시한 것들 이외에도 간접화법, 유체이탈 화법, 설명화법 등 이야기하는 스타일과 상황에 따라 그에 맞게 여러 가지로 구분 지을 수 있지만 이 책에서는 가장 대표적인 화법만을 소개하고 있음을 밝힌다.

그리고 대화와 논쟁에 도움이 되는 인간관계의 원칙에 대해서도 소개하여 화법에 대한 모든 사항을 충분히 습득할 수 있게 정리하였다. 이 책 하나면 화법에 대한 모든 것을 알 수 있다.

현대는 대화와 논쟁의 시대다.

이러한 시대에 나만의 화법은 나만의 경쟁력으로 작용한다.

이 책을 대하는 모든 분들이 자신이 원하는 화법을 충분히 습득하여 실전에 적용하는 데 도움이 될 수 있다면 저자로서 참 감사한 일이 될 것이다.

모든 분들의 행복과 안녕을 기원한다.

김 옥 림

Contents

CHAPTER 3

대화의 자신감을 높여주는
7가지 대표적인 화법

CHAPTER 1

이기는 대화와
논쟁은
화법에 의해
결정된다

화법의 중요성

말 한마디에
그 사람의 인생이 담긴다

현대사회는 SNS의 발달로 인해 말이 넘치는 말의 홍수 시대다. 누구나 마음만 먹으면 언제 어디서나 손쉽게 자신의 생각을 밝힐 수 있다.

그런데 문제는 이렇게 말이 넘치다 보니 여과 없이 말을 함부로 하다 비난받게 되는 일이 많다는 것이다. 그렇게 지금껏 쌓아올린 인생의 공든 탑이 하루아침에 와르르 무너지는 일이 연일 매스컴을 장식하고 있다.

브라질의 극우정당인 기독사회당의 자이르 보우소나루Jair Bolsonaro 의원은 막말의 대명사라 할 만큼 제멋대로다. 그는 호세프 대통령 탄핵안 표결에서 찬성표를 던지며, 군사독재 당시 좌파 게릴라로 활동하다 투옥된 호세프 등의 여성 정치범을 고문했던 군인에게 자신의 탄핵 찬성표를 바친다고 밝혔다. 그러자 그에 대한 비난이 쏟아졌다. 그는 이 일로 큰 곤혹을 치렀다.

"나는 게이 아들을 사랑할 수 없을 것이며, 그런 아들은 사고로 죽는 게 낫다."

이 또한 동성애자들에 대해 보우소나루가 한 말이다.

그의 말은 지극히 편협하고 극단적이다. 성정체성으로 인해 이 사회에서 불안감을 안고 사는 그들의 입장을 헤아려 그들이 한 사람의 국민으로 떳떳이 살아갈 수 있도록 돕는 것이 의원으로서 마땅히 해야 할 일이다. 더구나 그는 다섯 명의 자녀를 둔 아버지이다. 그런 그가 그렇게 말했다는 것은 납득이 가지 않는다.

이로 인해 상파울루시에서 열린 세계 최대 규모의 동성애자 축제 '파라다 게이'에서는 참가자들이 보우소나루 의원의 퇴진을 촉구했다. 보수 세력이 정권을 잡으면 동성애자들의 권리가 가장 먼저 공격받게 될 것을 우려한 것이다.

그는 또 시리아 난민 등을 비롯해 브라질로 오는 난민들에 대해서 "세계의 인간쓰레기들이 브라질로 오고 있다"고 말해, 그 말을 들은 사람들로 하여금 경악을 금치 못하게 만들었다. 또한 그는 아이티 여성에 대해 "그 나라 여성은 씻지도 않고 몸을 판다"고 말해 아이티 국민들을 분노하게 했다. 그는 말 폭탄을 입에 물고 사는 것이나 다름없다.

그의 입은 제동장치가 풀린 자동차와 같아 언제 어느 때 사고를 일으킬지 모른다. 그의 입은 늘 말하기 위해 열려 있고 그의 입이 닫칠 땐 오직 잠잘 때뿐이다. 그가 말해야겠다고 생각하기도 전에 그의 입이 먼저 선수를 친다. 그러다 보니 늘 말실수가 따르고, 매번 곤욕을 치른다.

많은 사람들로부터 비난의 대상이 되고 있는 보우소나루는 한 인간으로서 실패한 인생이라고 할 수 있다.

동서고금을 막론하고 말 한마디로 인생을 망친 사람들의 가장 뚜렷한 공통점은 제대로 말하는 기술, 즉 '화법'이 갖춰져 있지 않다는 것이다. 그렇다 보니 인기에 영합해서 또는 군중심리를 이용해 자신을 부각시키는 수단으로 절제되지 않은 말을 여과 없이 쏟아낸다. 특히 불쑥불쑥 내뱉는 막말은 섶을 지고 불 속으로 뛰어드는 것과 같이 치명적인 결과를 낳는다.

말을 잘할 자신이 없으면 필요 이상의 말은 하지 말아야 한다. 넘치니까 항상 문제를 야기하는 것이다. '침묵은 금이다'라는 말이 있듯 말을 아껴야 한다. 그러면 문제 될 게 전혀 없다.

사람들은 말하는 방법에 더 영향받는다

소통을 잘함으로써 인간관계를 매끄럽게 이어가고, 말을 잘하고 논쟁을 잘하기 위해서는 화법에 신중을 기해야 한다. 화법에 정성을 기울이는 만큼 소통에 있어서나 대화와 논쟁에 있어 유리하다. 이에 대해 일본 고마자와여자대학 교수이자 심리학 전문가인 도미타 다카시는 이렇게 말했다.

"아무리 일목요연하게 말한다고 해도, 마치 정해진 대사를 읽는 듯이 말해서는 상대의 마음을 움직이지 못한다. 같은 체험을 했어도 그때의 모습을 실제보다 재미있게 말할 수 있는 사람이 있다. 그런 사람은 주위로부터 웃음을 자아내 모두에게 호감을 주는 경우가 많다. 사람들은 말의 내용보다도 말하는 사람의 재미와 열정 등을 중요시하기 때문이다."

이는 무엇을 의미하는가? 사람들에게 영향을 주는 것은 '잘하는 말'도 있지만 '말하는 법', 즉 그 사람의 화법에 의해 사람들은 더 많은 영향을 받는다는 것을 알 수 있다.

왜 그럴까? 사람들은 말하는 사람의 됨됨이나 유머, 흥미로운 재치 등에서 더 많은 말의 가치를 느끼기 때문이다. 따라서 매끄러운 소통 그리고 이기는 대화나 논쟁은 단순히 말에 의해서가 아니라 화법에 의해 결정되며, 그렇기 때문에 화법을 기르는 것은 무엇보다도 중요하다고 하겠다.

화법을 기르기 위해서는 어떻게 해야 할까?

한마디로 말해 화법의 요소를 잘 갖춰야 한다. 주요 화법의 요소로는 말씨, 목소리, 이미지, 몸동작, 유머, 경험과 지식, 설득력, 논리력, 자신감, 예의 등을 들 수 있는데, 이러한 화법의 요소가 유기적으로 작용하게 됨으로써 상대와의 대화를 유리하게 하고 논쟁에서 이길 확률을 높인다. 여기에 화법의 중요성이 있다.

주요 화법으로는 이야기하는 스타일과 방법에 따라 절제화법, 절대화법, 촌철살인 화법, 직설화법, 유쾌한 화법, 화통한 화법, 질문화법 등이 있다.

그렇다면 이처럼 다양한 화법을 필요로 하는 것은 무슨 까닭에서인가?

그것은 같은 상황에서도 어떤 화법을 적용하느냐에 따라 대화를 유리하게 하고 논쟁에서 이길 수도 질 수도 있기 때문이다.

만일 당신이 누군가와의 대화에서나 논쟁에서 이기고자 한다면 자신의 상황에 맞는 화법을 적절하게 구사할 필요가 있다. 즉 상대에 따라 당신의 화법을 적용시키라는 말이다. 사람마다 말하는 스타일이나 인격, 지식의 정도, 말하기 능력이 다 다르기 때문이다.

적을 알고 싸우면 이길 수 있다는 말이 있듯, 대화나 논쟁 또한 마찬가지다. 상대방이 어떤 사람인지를 미리 간파하고 그에 맞는 화법을 적용한다면 그 상대가 누구든 당당하게 대화나 논쟁에 임할 수 있다.

꾸준한 노력으로
화법 기르기

선천적으로 말을 잘한다면 그것은 대단한 축복이 아닐 수 없다. 하지만 누구나 그런 재주를 선천적으로 타고날 수는 없다. 그런 이들은 극히 일부에 지나지 않는다. 그러나 모든 일이 그러하듯 말 잘하는 것도 연습을 통해 얼마든지 그 능력을 높일 수 있다. 문제는 충분히 연습을 잘할 수 있느냐 그렇지 않느냐다. 우리가 잘 알고 있는 유명한 이들 중엔 연습을 통해 말의 달인이 된 이들이 있다.

"훌륭한 연설가들도 처음엔 다 형편없고 보잘것없었다."

이는 미국의 사상가이자 시인인 랠프 월도 에머슨Ralph Waldo Emerson 이 한 말로, 세계적으로 유명한 연설가들도 말하기 훈련을 통해 능수능란한 연설가가 되었음을 잘 알게 한다. 에머슨은 유명한 설교자이자 연설가로 잘 알려져 있는데, 그 또한 꾸준한 말하기 연습을 통해 뛰어난 화법을 익혔다.

또한 인상적인 연설로 대중을 사로잡았던 윈스턴 처칠Winston Churchill은 본래 말을 더듬거렸을 뿐만 아니라 자신감이 결여되어 남 앞에 나서서 말하는 것을 두려워했다고 한다. 하지만 그는 꾸준한 연습을 통해 더듬거리는 말버릇을 고치고 유창한 연설가가 되었다.

영국 빅토리아 여왕 시대의 정치가로 두 번에 걸쳐 수상을 지낸 벤저민 디즈레일리Benjamin Disraeli는 수많은 실패 끝에 정계에 입문하여 의회에서 연설할 기회를 얻었다. 그러나 그는 이 연설에 실패하고 말았다. 너무 멋을 부리고 쓸데없는 은유를 사용하며 잘난 체를 한다는 이유로 그는 의원들로부터 심한 야유를 받았다. 그러나 디즈레일리는 첫 연설에서의 실패를 교훈 삼아 이후 말하는 연습을 꾸준히 한 끝에 결국 명연설가가 되었다.

영국의 극작가이자 노벨문학상 수상자인 조지 버나드 쇼George Bernard Shaw 또한 말을 잘한 사람으로 유명하다. 하지만 처음에 그는 그다지 언변이 좋지 못했다. 그런데 어느 날 말을 잘하는 사람들을 보고 자극을 받아 열심히 노력한 끝에 말 잘하는 사람으로 거듭날 수 있었다.

know-how 화법 기르기

★ 말을 잘하는 사람들의 특징을 면밀히 관찰하여, 자신에게 잘 맞게 재구성하여 집중력 있게 연습하라. 꾸준히 반복적으로 연습을 하는 가운데 몸에 잘 맞는 옷처럼 입에 붙게 되고 말을 잘하게 된다.

★ 말을 못하는 이유 중 가장 큰 문제는 자신감 결여이다. 내가 하는 말을 사람들이 어떻게 생각할까 하는 걱정으로 인해 소심해질 수밖에 없다. 그러다 보니 말을 자신 있게 하지 못하는 것이다. 나도 말을 잘할 수 있다는 자신감을 길러라.

★ 화법의 열 가지 요소인 말씨, 목소리, 이미지, 몸동작, 유머, 경험과 지식, 설득력, 논리력, 자신감, 예의를 길러라. 화법의 요소가 갖춰지면 자연적으로 말에 탄력이 붙고 말을 잘할 수 있게 된다.

★ 다양한 분야에 폭넓은 지식을 길러라. 많은 것을 알고 있으면 상대가 누구든, 어느 자리에 있든 자신의 생각을 당당하게 말할 수 있다. 많이

아는 것은 그만큼 자신을 표현하는 데 큰 도움이 된다.

★ 자신의 장단점이 무엇인지 파악하라. 장점은 살리되 단점은 반드시 고쳐야 한다. 자신의 단점을 보완할 수 있는 롤 모델을 정해 꾸준히 연습한다면 충분히 단점을 고치고 말하는 데 자신감을 가질 수 있다.

★ 대개 사람들은 말을 매끄럽고 유창하게 해야 말을 잘하는 것으로 아는데, 그것은 착각이다. 말을 유창하게 하지 못해도 자신의 생각을 분명하게 전달하여 사람들이 쉽게 이해하고 받아들일 수 있다면, 그것만으로도 충분히 말을 잘하는 것이다. 유창하게 말을 하는 것에 초점을 맞추지 말라. 말이 유창하지 못해도, 자신의 생각을 분명히 전달할 수 있다면 그것으로도 충분하다.

★ 자신이 생각할 때 도저히 혼자서 연습하기 힘들다고 생각되면 스피치 학원에 등록하여 기본기를 익히도록 해야 한다. 그러고 나서 어느 정도 자신감이 생기면 혼자서도 충분히 연습할 수 있다.

말을 잘하고 싶다면 위의 7가지를 숙지하여 꾸준히 연습하라. 연습보다 더 좋은 방법은 없다. 당신이 진정으로 뛰어난 화법의 달인이 되기를 바란다면 노력과 열정을 아끼지 말아야 한다. 노력과 열정은 모든 것을 가능하게 하는 인생의 마스터키다.

화법의 키포인트

● 이기는 대화와 논쟁은 단순한 말이 아니라, 그 말을 제대로 펼칠 수 있는 화법에 달려 있다. 화법의 수준을 높이는 것이 대화와 논쟁에서 이기는 최선의 방책이다.

● 유창하게 말을 해야 말을 잘한다는 것은 오해다. 말이 유창하지 않아도 자신의 생각을 분명하게 전달할 수 있다면 그것만으로 충분하다.

● 꾸준하고 반복적인 연습보다 더 좋은 방법은 없다. 자신감을 갖고 자신의 생각을 전달하는 데 열중하라. 어느 순간 달라져 있는 자신을 발견하게 될 것이다.

화법의 품격

02

말의 격은 품위 있는 언어와 자세

'화법의 품격'이란 한마디로 말해 '말의 격格'이다. 그러니까 말 속에 들어 있는 그 사람의 인격이라 할 수 있다. 화법의 품격이 중요한 것은 이기는 대화나 논쟁이 화법의 품격에 막대한 영향을 받기 때문인데, 같은 말도 품격이 있느냐 없느냐에 따라 그 결과는 달라진다.

화법의 품격에서 무엇보다 중요한 것은 말을 할 때는 예의를 갖춰야 한다는 것이다. 말하는 데 있어서의 예의란 품위 있는 말과 품위 있는 자세를 뜻한다. 즉 말과 행동에 있어 품위를 지녀야 함을 말한다. 이를 잘 알게 하는 이야기가 있다.

20세기 세계 최고의 테너로 인정받는 엔리코 카루소Enrico Caruso는 노래 실력 못지않게 겸허한 사람으로도 널리 알려져 있다. 그는 예술가 정신이 뛰어났으며, 자신의 노래를 듣기 원하는 사람들은 그가 누구든 그 앞에서 노래 부르기를 주저하지 않았다.

이기는 대화와 논쟁은 화법에 의해 결정된다

어느 날 카루소는 친구와 같이 미국 뉴욕의 한 식당으로 들어갔다. 그를 알아본 식당 직원이 주방장에게 달려가 카루소가 왔다고 알렸다. 평소에 카루소의 열렬한 팬이었던 주방장은 홀로 나와 카루소에게 인사를 건네며 말했다.

"선생님, 저희 식당에 오신 것을 환영합니다."

"나를 기쁘게 반겨줘서 고맙습니다."

카루소는 주방장의 말에 웃으며 대답했다.

"저, 선생님, 외람되지만 한 가지 부탁을 드려도 될까요?"

주방장은 예를 갖춰 물었다.

"무슨 부탁인지 말해보세요."

카루소 또한 미소를 띤 채 말했다. 주방장은 카루소의 노래를 직접 듣는 것이 소원이라고 했다. 그러자 카루소는 웃으며 말했다.

"내 노래를 듣고 싶다면 불러드려야지요."

카루소는 이렇게 말하고 식당이 쩌렁쩌렁 울리도록 멋지게 노래를 불러주었다. 노래를 마치고 나자 주방장은 물론 식당에 있던 모든 사람들이 환호성을 지르며 즐거워했다. 주방장은 감격한 얼굴로 연신 감사하다며 카루소에게 고마움을 표했다.

이 일화를 보더라도 카루소의 품격 있는 말과 행동을 엿볼 수 있다. 그가 존경받는 것은 최고의 테너라는 데에도 그 이유가 있지만 예의를 갖춘 그의 품격 있는 말과 행동도 사람들에게 존경받는 커다란 요인이 되었다.

말의 논리와 예의를 함께 갖춰라

화법의 품격을 높이기 위해서는 예의 있고 논리 정연하게 말해야 한다. 같은 말도 예의를 갖추고 하는가 그렇지 않은가에 따라 사람들에게 미치는 영향은 실로 막대하기 때문이다. 가령, 말을 할 때 논리는 정연한데 예의가 없다면 사람들로부터 비난을 사게 된다. 말은 잘할지 모르지만 사람 됨됨이가 되어먹지 않았다는 생각에서다.

그러나 논리 정연하면서도 예의를 갖췄다면 그 결과는 상당히 효과적이다. 말을 잘하는 데다 예의까지 있다면 됨됨이가 잘 갖춰진 사람으로 그를 높이 평가하게 된다.

이를 잘 알 수 있는 예로 텔레비전 시사토론을 들 수 있다. 토론자로 참여한 사람들을 보면 각 사람마다 자신만의 성향이 뚜렷하다. 토론 주제에 대한 폭넓은 상식을 가졌음에도 상대방의 말은 무시한 채 자기 주장만 내세우며 무례하게 구는 이도 있고, 상대방이 말을 하는 도중 툭툭 말을 자르고 나섬으로써 토론의 본질을 흐리게 하는, 토론의 기본을 제대로 갖추지 못한 이도 있다. 또 자신의 말에 대해 상대가 지적함을 참지 못하고 앙갚음을 하듯 비난을 퍼붓는 치졸하고 졸렬한 이도 있다. 이런 사람들은 화법을 제대로 갖추지 못했을 뿐만 아니라 화법의 품격과는 전혀 거리가 먼 사람들이다. 그래서 이런 이들은 시청자로부터 비판의 대상이 되기 십상이다.

시청자들의 눈은 송골매와 같이 예리하다. 그런데 그런 인식조

차 없이 자기 감정에 빠져 말을 함부로 하고 돌출행동을 일삼는다면 그것은 자기 얼굴에 침을 뱉는 것과 다름없다.

화법의 품격은 대중이 지켜보는 가운데서 벌이는 토론은 물론 각 개개인들 간의 대화에서도 매우 중요하다. 상대방은 예를 갖춰 말을 하는데 자신은 함부로 말하고 행동한다면 어떻게 될까? 상대방은 나를 품격을 갖추지 못한, 두 번 다시는 상대하고 싶지 않은 사람으로 여길 것이다.

말은 그 사람의 인격이다

말이란 곧 그 사람이며, 그 사람의 인격과 매우 밀접한 관계가 있다. 어떤 사람이 하는 말에는 그의 성품, 학습의 정도, 됨됨이, 삶의 철학, 습관 등이 담겨 있다. 따라서 그 말을 통해 그 사람이 어떤 사람인지를 대략적으로 가늠할 수 있다.

사람의 말에는 그 사람의 인격이나 마음가짐 등이 확연히 나타나게 되는데, 이를 잘 알게 하는 격언이 있다.

"말이란 그 사람의 마음과 인격을 알리는 것이다."

17세기 스페인의 철학자이자 신부인 발타자르 그라시안Baltasar Gracián이 한 말이다.

"사람의 인격은 먼저 말에서부터, 다음에는 행실에서 드러난다."

이는 고대 그리스의 극작가인 메난드로스Menandros의 말로, 말과 행동이 그 사람의 인격에 미치는 영향의 중요성에 대해 잘 알게 한다.

화법의 품격을 갖추기 위해서는 말의 품위뿐만 아니라 행동의 품위, 즉 '예의'를 잘 갖춰야 한다.

know-how 화법의 품격

★ 사람들을 대할 때는 반드시 예의를 갖춰야 한다. 아무리 말을 잘해도 예의를 갖추지 않으면 저급한 사람으로 인식된다.

★ 사람들과의 대화에서 경거망동은 절대 금물이다. 그것은 스스로 자신의 인격을 깎아내리고 손상시키는 일이기 때문이다.

★ 상대방이 말을 할 때는 예의를 갖춰 들어주어야 한다. 사람은 누구나 자신의 말을 잘 들어주는 사람을 좋아한다.

★ 상대가 실수를 하더라도 무안해하지 않도록 배려하는 자세를 길러라. 이런 사람을 좋아하지 않을 사람은 없다.

★ 언행을 신중히 해야 한다. 분별없이 하는 말과 행동은 자신의 품격을

이기는 대화와 논쟁은 화법에 의해 결정된다

떨어뜨리므로 이를 각별히 유의해야 한다.

★ 함부로 말하고 행동하는 것을 삼가라. 이는 상대방의 인격을 무시하고 자신을 치졸하게 만드는 어리석음이다.

★ 자신을 과신하는 언행은 절대 금물이다. 그것은 상대의 마음을 불편하게 하고, 비난의 화살이 될 뿐 자신에게 하등의 도움이 되지 않는다.

요즘 우리 사회는 가진 자들이 함부로 말하고 갑질하는 일로 인해 연일 매스컴이 시끄럽다. 그들은 하나같이 상대를 낮춰 보고 마치 자신이 부리는 하인쯤으로 여기는 듯하다. 그로 인해 그들은 여론의 뭇매를 맞고 법정에 서기도 하는 등 추악함 그 자체를 보여준다.

아무리 부와 지위를 지녔다 하더라도 품격 없이 말하고 함부로 행동한다면 돈과 지위만 갖춘 저급한 사람으로 비난받게 된다. 이런 사람을 좋아하고 존경할 사람은 어디에도 없다. 하지만 가난하고 지위가 낮아도 품격을 갖췄다면 사람들로부터 존경의 대상이 된다.

말은 잘하면 금은보화보다도 자신을 찬란하게 하지만, 잘못하면 인생을 망치게 한다.

결론적으로 말해 자신이 품격 있는 사람이 되느냐 저급한 사람이 되느냐는 자신의 말과 행동에 달려 있다. 따라서 품격 있는 사람이 되고 싶다면 예의 있고 품격 있는 화법으로 말하고 행동해야 한다.

　말에는 그 사람의 모든 것이 담겨 있다. 그 사람의 말과 행동은 곧 그 사람인 것이다.

품격 있는 화법의 키 포인트

● 같은 말도 어떻게 하느냐에 따라 상대에게 미치는 영향은 실로 크다. 자신의 생각을 상대가 따르게 하려면 우선 화법의 품격을 높여라. 화법의 품격은 곧 말과 행동의 품격이다.

● 아무리 말을 유창하게 해도 예의가 없으면 사람들로부터 비난의 대상이 된다. 예의는 품격을 높이는 말과 행동의 초강력 엔진이다.

● 함부로 말하고 행동하는 것을 삼가라. 이는 상대방의 인격을 무시하는 비도덕적이고 개념 없는 행태다. 이를 각별히 유념해야 사람들과의 원만한 소통을 이루게 된다.

화법이
논쟁에 미치는 영향

03

화법과 논쟁

현대는 '논쟁의 사회'라고 할 수 있을 만큼 자기 생각의 표현이 보편화되었다. 인터넷의 발달로 블로그와 카페 그리고 SNS를 통해 자신의 생각을 적극 표현하는 사람들이 늘면서 생긴 현상이다. 어떤 사람이 사회적인 이슈에 대해 자기 생각을 밝히면 다른 이들이 그에 따른 자신의 생각을 댓글로 단다. 서로의 생각이 맞으면 공감 댓글을, 다르면 그에 대한 반론을 제기한다. 이런 일들이 일상화되면서 전 국민이 논객이 되어 활발히 논쟁을 펼치곤 한다.

그런데 문제는 사람들이 논쟁의 방법을 제대로 알지 못한다는 것이다. 자신의 감정에 치우쳐 악플을 달며 인신공격을 하는 등 물의를 빚는 일도 비일비재하다. 이는 건전한 논쟁 문화에 반하는 것으로 매우 염려스러운 일이 아닐 수 없으며, 반드시 개선되어야만 하는 일이다. 그래야 수준 높은 논쟁 문화로 자신의 발전은 물론 사회 발전에도 기여할 수 있게 된다.

논쟁을 잘하기 위해서는 논쟁술의 요소를 잘 갖춰야 한다. 논쟁술의 주요 요소로는 '화법', '설득력', '논리성', '논거論據', '풍부한 지식', '비유' 등을 들 수 있다.

논쟁에 있어 '화법'은 매우 중요하다. 같은 말도 화법에 따라 전달되는 내용의 강도에 큰 영향을 끼친다. 발음이 정확하고 말씨가 똑 부러지면 논쟁의 상대나 듣는 사람들의 귀가 번쩍 뜨인다. 그것은 마치 더울 때 마시는 시원한 물과 같이 가슴을 시원하게 해준다.

그러나 발음이 분명치 않고 말씨가 어눌하면 논쟁의 상대나 듣는 사람이 답답하게 여겨 전달력이 떨어진다. 그러면 아무리 좋은 말도 허공으로 날아가 버리고 만다.

'설득력'은 자신의 생각을 상대방에게 그리고 청중에게 주입시킴으로써 자신의 생각이 옳다는 것을 증명하는 데 있어 필수적인 논쟁술의 요소이다. 설득력이 좋은가 그렇지 않은가에 따라 논쟁의 승패 여부가 달렸다 해도 지나치지 않다.

'논리성'은 자신의 주장을 논리에 맞게 펼쳐나가는 것으로서, 논리가 뛰어나면 자신의 생각을 보다 더 확실하게 전달함으로써 논쟁에서 유리한 지점을 선점하게 된다.

'논거'는 논리성을 높이기 위해 필요한 증거로, 논거가 뚜렷할수록 설득력을 갖추는 데 매우 유리하다. 논거는 정확한 자료를 바탕으로 할 때 논거로서의 가치를 확보하게 된다.

'풍부한 지식' 또한 자신의 주장을 받쳐주는 논거의 자료로 절대적으로 작용한다. 지식이 풍부하면 자신감이 상승하고 자기 생각을 보다 명확하게 전달할 수 있다.

자신의 주장을 뒷받침해 줄 수 있는 '비유' 또한 논쟁에 있어 반드시 필요하다. 이에 대해 쇼펜하우어Arthur Schopenhauer는 자신의 저서 《논쟁에서 이기는 38가지의 방법》에서 이렇게 말했다.

"아직 나름의 고유한 명칭 없이 자신이 비근한 표현을 사용하여 비유적으로 지칭해야 하는 보편적인 개념을 놓고 붙었을 경우, 자신의 주장을 펴는 데 유리한 비유를 신속하게 선택해야 한다."

그렇다. 비유는 원관념에 대한 보조관념을 제시함으로써 원관념에 대한 이해도를 높이고, 보다 강한 느낌을 갖게 하여 자신의 논리를 뒷받침한다.

논쟁을 잘하기 위해서는 위에서 제시한 '화법', '설득력', '논리성', '논거', '풍부한 지식', '비유'를 잘 활용해야 한다. 그러나 무엇보다 논쟁에 있어 가장 중요한 것은 '화법'이다. 이기는 논쟁은 화법에 달렸다고 해도 될 만큼 화법은 논쟁에 있어 절대적으로 작용한다. 여기에서도 화법의 가치와 중요성을 찾을 수 있다.

화법의 가치성

상대와의 논쟁에 있어 화법, 즉 어떻게 말하고 행동하느냐는 매우 중요하다. 말과 행동에 따라 그 사람의 모든 것이 평가받기 때문이다.

품위 있게 말하고 행동하는 사람은 믿음이 가고 타인들이 신뢰하게 된다. 그런 사람이라면 어떤 경우에도 함부로 할 사람이 아니라고 믿게 되기 때문이다. 하지만 거친 말과 행동을 일삼는 사람은 타인들이 불신하고 멀리한다. 그 사람이 하는 말과 행동이 스스로를 평가받게 하는 거울과 같기 때문이다.

"사람은 누구나 그가 하는 말에 의해 그 자신을 비판한다. 원하든 원하지 않든 간에 말 한마디가 남 앞에 자기의 초상을 그려놓는 것과 같다."

이는 랠프 월도 에머슨이 한 말로, 자신이 한 말과 행동이 곧 자신을 평가받게 하는 바로미터라는 의미다.

또한 미국 건국의 아버지 중 한 사람인 벤저민 프랭클린Benjamin Franklin은 이렇게 말했다.

"다른 사람을 설득하는 방법은 당신의 입장을 아주 겸손하면서도 정확하게 말하는 것이다. 겸손하게 말을 꺼내면 일단 당신의 말을 들어주고 오히려 자신의 의견을 의심하는 당신을 설득할지도 모른다."

이는 품위를 갖춰 겸손하고 정확하게 자신의 논리를 펼쳐야 된다는 말이다.

이렇듯 화법에서 품위 있는 말과 행동은 매우 중요하다. 아무리 좋은 목소리와 신선한 이미지를 지니고, 멋진 몸동작에 뛰어난 유머, 풍부한 경험과 지식과 논리력을 가졌다 하더라도 품위가 없으면 그 사람은 좋지 않은 평가를 받고 논쟁에서도 불리하다. 그런 사람의 말에 귀를 기울이고 싶어 하는 이는 어디에도 없기 때문이다.

논쟁에서 이기기 위해서는 화법의 모든 요소를 갖추는 것도 중요하지만, 그중에서도 품위 있게 말하고 행동하는 것이 가장 중요하다고 할 수 있다. 논쟁이든 대화든 사람들의 마음을 움직이게 하는 것은 절도 있고 품위 있는 그 사람의 말과 행동, 즉 품격 높은 화법이다.

know-how 논쟁에서 사람의 마음을 움직이는 7가지

★ 논쟁술의 요소인 화법, 설득력, 논리성, 논거, 풍부한 지식, 비유를 통해 논쟁력을 탄탄하게 다져야 한다. 논쟁력이 탄탄하면 논쟁 상대는 물론 보는 사람들을 압도함으로써 논쟁에서 우위를 점하게 된다.

★ 품위 있는 말과 행동으로 논쟁에 임해야 한다. 같은 말도 잘 가다듬어 말하고, 저속한 말과 행동은 절대 금해야 한다. 그러지 않고 자기 기분대

이기는 대화와 논쟁은 화법에 의해 결정된다

로 말하고 행동한다면 비난만 불러오게 된다.

★ 상대방의 말을 끝까지 들어주고 자신의 말을 하도록 해야 한다. 상대의 말을 탁탁 자르는 행동은 무시의 소치다. 그런 사람의 말은 신뢰할 수 없다.

★ 정확한 근거를 가지고 자신의 주장을 펼쳐야 한다. 누가 그러더라, 어디에서 보니까 그런 것 같더라, 하는 등의 추측성 발언은 믿음과 신뢰를 주지 못한다. 논쟁은 정확한 사실을 근거로 해야 설득력을 높일 수 있다.

★ 자기 자랑은 절대 금물이다. 그것은 상대는 물론 보는 사람들의 눈살을 찌푸리게 한다. 상대를 높여주면 오히려 좋은 이미지를 심어주어 긍정적인 결과를 이끌어내는 데 도움이 된다.

★ 정확한 발음, 확고한 믿음을 주는 말씨를 갖춰야 한다. 귀에 쏙쏙 들어오는 발음은 상대가 내 말을 이해하는 데 도움이 되고, 믿음을 주는 말씨는 신뢰를 갖게 하기 때문이다.

★ 상대방을 비판하는 발언은 삼가야 한다. 그것은 자칫 논쟁의 의도를 벗어나 상대의 인격을 공격하는 행위로 비쳐질 수 있다.

당신이 논쟁을 벌인다면 당신 또한 이기고 싶을 것이다. 그렇다면 위의 7가지 노하우를 반드시 숙지하라. 그런 후 품위를 갖춰 품격 있게 말하고 행동하면 된다. 그렇게 할 때 상대는 물론 보는 사람들도 감화시킴으로써 화법의 가치성을 끌어올리고, 논쟁에서 이길 확률을 높일 수 있다.

모든 이기는 대화와 이기는 논쟁은 품격 있는 화법에 달려 있음을 잊어서는 안 된다.

화법과 논쟁의 키포인트

● 논쟁에서 이기기 위해서는 품위 있는 말과 행동은 반드시 필요하다. 말로 상대를 이기려 하지 말고 품위 있는 화법으로 이겨야 한다. 품위 있는 화법은 유창한 말솜씨보다 한 수 위다.

● 정확한 근거를 가지고 자신의 주장을 펼쳐야 한다. 추측성 발언은 믿음과 신뢰를 주지 못하기 때문이다. 논쟁은 정확한 사실을 근거로 해야 설득력을 높이고 믿음과 신뢰를 줄 수 있다.

● 상대를 비판하는 사람은 비난의 대상이 된다. 상대를 배려하면서 자신의 주장이 왜 더 논리적인지를 입증하는 데 관심을 최대한 집중시켜라. 그런 긍정적인 자세가 사람들에게 좋은 이미지를 심어줌으로써 좋은 결과를 얻게 한다.

CHAPTER 2

말하기 능력
레벨업!

화법의 주요 구성요소

말씨는 말의 성격

사람마다 성격이 다 다르듯 말에도 그 사람만의 말씨가 있다. 말씨는 말하는 사람이 가진 '말의 성격'이라 할 수 있다.

대화에 있어 말씨가 중요한 것은 말씨에 따라 그 사람이 어떤 사람인지를 파악하게 되고, 그 사람을 대하는 데 있어 큰 영향을 미치기 때문이다. 말씨가 고운 사람은 성격이 부드럽고 유한 사람이라는 인상을 주고, 그 사람과 좋은 관계를 갖고 싶게 만든다. 말씨가 거친 사람은 성격이 까칠하고 거친 사람이라는 인상을 줌으로써 사람들로 하여금 그를 경계하도록 만든다.

'말은 그 사람이다'라는 말이 있는데, 이를 단정 지을 수 있게 하는 것이 바로 말씨라고 해도 과언이 아니다. 그만큼 말씨는 그 사람의 됨됨이를 평가하는 데 있어 중요할 뿐만 아니라 비중 있는 화법의 요소라고 할 수 있다.

이런 관점에서 말씨에는 어떤 것이 있는지 분석하고 하나씩 살펴보려 한다. 자신의 말씨가 어떤지를 스스로 알게 됨으로써 사람들과 소통하는 데 많은 도움이 될 것이다.

부드러운 말씨, 툭툭 던지는 말씨

말씨에는 어떤 것이 있는지 그 유형에 대해 살펴보자.

첫째, 부드럽고 친근한 말씨다.

"어디 좋은 데 가시나 보죠? 오늘따라 더 멋져 보이는군요."

이런 말씨는 주변 사람들에게 친근감을 갖게 하여 소통을 유리하게 만든다. 사람들은 부드럽고 친근한 말씨를 가진 사람을 가까이하고 싶어 한다.

둘째, 따뜻한 격려의 말씨다.

"나는 당신이 이번 일을 잘 해내리라 믿어요. 그러니 평소에 하던 것처럼만 하세요."

이런 말씨는 사람들의 마음을 따뜻하고 기분 좋게 만든다. 사람들은 따뜻한 격려의 말씨를 가진 사람에게 호감을 갖고 그와 친분을 쌓기를 바란다.

셋째, 자신감 넘치는 말씨다.

"그 일은 내가 책임지고 하겠습니다. 그러니 염려 놓으셔도 됩니다."

이런 말씨는 사람들에게 안도감을 주고 긍정적인 에너지를 전달한다. 자신감 넘치는 말씨를 가진 사람과 같이 있으면 자신감과 긍정의 에너지를 갖게 되므로 사람들은 이런 이들과 좋은 관계를 맺고 싶어 한다.

넷째, 정확하고 빈틈없는 말씨다.

"그 문제는 충분히 해결할 수 있습니다. 제가 이렇게 말하는 것은 제게 좋은 방법이 있기 때문입니다. 그러니 안심하셔도 좋습니다."

이런 사람은 믿음을 주고 신뢰를 갖게 하며, 실수를 하지 않으리라는 생각을 심어준다. 사람들은 정확하고 빈틈없는 말씨를 가진 사람을 믿고 신뢰하며 그와 가까이 지내기를 바란다.

다섯째, 거칠고 딱딱한 말씨다.

"야, 너는 그런 것 하나 제대로 못 하냐? 대체 지금까지 뭘 배운 거야?"

이런 말씨는 사람들을 불쾌하게 하고 불편하게 만든다. 사람들은 거칠고 딱딱한 말씨를 가진 사람을 경계하고 그와 마주치는 것조차 싫어한다.

여섯째, 아무 생각 없이 툭툭 던지는 말씨다.

"해봐. 그것도 못 하니. 나 같으면 그냥 할 거야."

이런 말씨를 가진 사람에게서 흔히 보게 되는 것은 상대의 입장을 생각하지도 않은 채 아무 생각 없이 툭툭 말을 던지는 행동이다. 사람들은 이런 사람을 실없는 사람으로 여기고, 그런 사람과 함께하는 것은 실속 없는 일이라고 생각한다.

일곱째, 깐죽거리는 말씨다.

"별것도 아닌 걸 갖고 왜 그렇게 쩔쩔매. 그런 것쯤은 우리 강아지도 하겠네."

이런 말씨를 가진 사람은 기분을 언짢게 만든다. 그러니 이런 이들은 타인과 충돌하는 경우가 많다. 깐죽거리는 말씨를 가진 사람은 누구나 경계하게 만든다.

여덟째, 우쭐하고 잘난 체하는 말씨다.

"그런 것 하나 못 해? 그런 일쯤은 내게는 식은 죽 먹기야."

이런 말씨를 가진 사람은 가벼워 보이고 진정성이 없어 보인다. 사람들은 우쭐거리고 잘난 체하는 말씨를 가진 사람을 불편하게 생각하고 신뢰하지 않는다.

아홉째, 교만한 말씨다.

"나니까 그 일을 해결할 수 있었지, 안 그래? 나 아니면 우리 사무실은 문을 닫아야 한다니까."

이런 말씨는 사람들을 화나게 하고 거부감을 준다. 그래서 교만한 말씨를 가진 사람은 어디를 가든 환영받지 못한다.

열 번째, 겸손한 말씨다.

"여러분이 있어 이 일을 성공적으로 해낼 수 있었습니다. 이 모든 영광은 여러분에게 돌리겠습니다."

이런 말씨는 사람들을 겸허하게 만들고 기분 좋게 한다. 겸손한 말씨를 가진 사람은 누구에게나 친밀감을 주고, 함께하기를 바라게 만든다.

당신은 평소에 어느 유형의 말씨를 지닌 사람인지 냉정하게 살펴보라. 만일 당신이 부드럽고 친근감이 있는 말씨를 가졌다면, 당신은 사람들과의 관계를 잘할 것이다. 그러나 반대로 당신이 거칠고 딱딱한 말씨를 가졌다고 판단되면 당장 그 말씨를 고쳐야 한다. 그러지 않으면 인간관계에서 많은 어려움을 겪게 될 것이다.

좋은 말씨 기르기

말씨는 그 사람의 이미지를 그리는 데 매우 효과적인 수단이다. 만난 적이 없는 사람이라도 목소리와 말씨만 듣고 호감을 느끼기도 하며, 반대로 비호감으로 낙인찍히기도 한다. 전화를 할 때 상대방의 말씨가 좋으면 그 사람에 대해 좋은 이미지를 떠올리게 된다. 그러나 말씨가 나쁘면 곧바로 좋지 않은 이미지를 갖게 된다. 이런 경험은 누구나 해보았을 것이다.

우리는 할 수 있는 한 최대한 부드럽고 친근감 넘치는 말씨로 말을 해야 한다. 어떤 이들은 이렇게 생각할 수도 있다. 나는 천성적으로 거칠고 투박한데 어떻게 하란 말이야, 하고 말이다.

그러나 그런 걱정은 안 해도 된다. 좋은 말씨는 연습으로도 얼마든지 가질 수 있기 때문이다. 단, 자신이 좋은 말씨를 갖겠다는 의지만 있으면 된다.

know-how 좋은 말씨 기르기

★ 말씨는 그 사람의 인품을 가늠할 수 있는 화법의 요소다. 말씨가 부드러우면 친밀도를 높이고 좋은 이미지를 심어주게 된다. 부드럽게 말하도록 연습하라.

★ 빠른 말과 느린 말을 잘 조절해서 해야 한다. 빠른 말은 성격이 급하다는 인상을 주고, 너무 느린 말은 성격이 답답한 느낌을 주게 된다. 적당한 말의 속도는 말씨에 안정감을 주어 듣는 이의 마음을 편안하게 한다.

★ 거칠고 투박한 말은 상스러운 느낌을 준다. 타고난 음색은 어쩔 수 없어도 부드럽게 말하는 연습을 꾸준히 한다면 충분히 고칠 수 있다.

★ 말을 할 때 미소를 지으면 말씨의 부족함을 채울 수 있다. 웃음의 이미지가 상대의 마음을 부드럽게 하는 데 효과적이기 때문이다. 미소는 웃음의 말씨이다.

★ 우쭐거리거나 교만한 말씨는 불쾌감을 주고 자칫하면 화를 내게 만들 수도 있다. 겸허한 말씨는 존중받는다는 느낌을 갖게 하여 나에 대한 좋은 인상을 심어준다.

화법에서 말씨는 중요한 역할을 한다. 말씨에 따라 결과는 많은 영향을 받는다. 그러므로 소통하는 데 있어서나 논쟁을 하는 데 있어 좋은 결과를 갖기 위해서는 말씨에 깊이 유념해야 한다.

위에서 제시한 '좋은 말씨 기르기' 노하우를 꾸준히 반복해서 연습하도록 하자. 그러다 보면 이슬비에 땅이 젖듯 좋은 말씨가 점차 입에 붙어 부드럽고 친근감 있는 이미지를 갖게 될 것이다.

Good + Message
굿 메시지

화법의 요소 '말씨'의 키포인트

● 대화와 논쟁에서 말씨는 매우 중요하다. 부드럽고 따뜻한 말씨, 자신 감 넘치는 말씨는 상대와 사람들에게 호감을 주는 참 좋은 화법의 요소 이다.

● 거칠고 투박한 말씨는 말씨 자체만으로도 거칠고 우악한 사람이라는 생각을 갖게 한다. 말씨의 이미지는 그만큼 중요하다. 말씨 하나만 부드 럽게 바꿔도 인생이 달라질 수 있다.

● 우쭐거리거나 잘난 체하는 말씨는 거부감을 준다. 인격이 부족하고 모가 났다고 단정 짓게 하기 때문이다. 겸손하고 겸허한 말씨는 친근감 을 주어 대화의 상대나 다른 사람들에게 좋은 인상을 심어준다.

목소리 voice

목소리가 호감을 좌우한다

사람들에겐 저마다 자신만의 목소리가 있다. 목소리는 아주 분명한 색깔을 지니고 있어 많은 사람들이 함께 있는 자리에서 목소리만 듣고도 그가 누군지 알 수 있다. 대화나 논쟁에 있어 목소리의 역할은 매우 크다. 목소리에 따라 그 사람에 대한 호감도가 작용하기 때문이다. 목소리가 좋으면 상대를 보지 않은 상태에서도 호감도가 높게 나타난다. 목소리가 평범하거나 좋지 않으면 호감도는 떨어진다.

목소리가 호감을 좌우하는 것은 청각을 자극해서인데, 좋은 목소리는 듣는 순간 그 사람이 어떤 사람일까 하는 호기심을 갖게 만든다. 즉 목소리는 '말의 이미지'라고 할 수 있다. 이미지가 좋은 사람이 괜찮은 느낌을 주는 것과 같이 좋은 목소리 또한 상대에게 호감 있는 이미지를 심어준다.

목소리가 화법에서 중요한 역할을 하는 것은, 목소리를 어떻게 하느냐에 따라 자신의 생각을 전달하는 데 있어 크게 작용하기 때문이다. 이에 대해 프랑스 파리 소르본대학과 고등상공학교 부교수이자, 커뮤니케이션 교육회사인 뉘아주 블랑-상토르 이뎁 Nuages Blancs-Centor Idep 의 부사장인 리오넬 벨랑제Lionel Bellenger 는 이렇게 말했다.

"목소리는 개성의 일부분이며 소리로 전하는 서명이다. 또 당신의 느낌과 감정을 반영하고 전달하는 기능을 한다. 목소리가 당신이 하는 말에 의미를 부여한다는 사실을, 때로는 당신이 이용하는 단어, 아이디어의 의미와는 또 다른 의미를 부여한다는 것을 잊지 말아야 한다."

이는 무엇을 말하는가? 상대와의 대화나 논쟁에 있어 그 사람의 상황에 따라 목소리에 색깔을 입힐 수 있다. 즉 상대방을 압박할 경우에는 단호하고 분명한 어조로 말하고, 상대의 긴장감을 풀어주기 위해서는 부드럽고 친밀감 있는 어조로 말하면 매우 효과적이다. 이에 대한 예로 김용옥을 보자.

김용옥의 목소리는 매우 개성적이다. 조금은 갈라지는 듯한 목소리와 약간의 짜증이 섞인 듯한 그의 목소리는 듣기에 따라 느낌이 다르다. 자칫하면 신경질적으로 들릴 수도 있다. 그런데 이상하게도 그러한 그의 목소리가 사람들의 귓속에 파고든다. 그의 목소리가 사람들에게 먹히는 것은 목소리 톤이 높기 때문이다. 만일 그의 특징 있는 목소리가 낮다고 해보자. 그러면 그가 아무리 말을 재밌게 한다고 해도 사람들은 하나도 재미가 없을 것이다. 또한 그가 아무리 해박한 논리를 펼친다고 해도 귀에 잘 들어오지 않을 것이다.

왜 그럴까? 사람마다 그 사람만의 고유의 음색이 있다. 그 음색과 잘 맞는 목소리 톤이 함께해야 그 사람만의 개성 있는 목소리가 된다. 김용옥의 목소리는 좋지 않은 편인데도 그의 목소리가 개성 있게 들리는 것은 그만의 고유한 음색과 그의 목소리 톤이 잘 조화되기 때문이다. 특히, 김용옥의 짜증 섞인 듯한 목소리는 청중을 웃게 만들고 자신에게 오롯이 집중시키는 데 큰 효과가 있다.

이처럼 목소리는 그 하나의 표현만으로도 상황을 긴박하게 또는 평안하게 할 수 있고, 분위기를 기분 좋게 살릴 수도 망칠 수도 있다. 여기에 목소리의 중요성이 있는 것이다.

좋은 목소리와 개성 있는 목소리

좋은 목소리를 가진 사람은 대화나 논쟁에서 매우 유리하다. 목소리가 사람들에게 미치는 영향이 실로 크기 때문이다. 그래서 좋은 목소리를 가졌다는 것은 큰 축복이라 할 수 있다.

좋은 목소리는 남자의 경우와 여자의 경우가 크게 다르다. 남자의 경우 좋은 목소리란 부드럽고 친근감 있는 중저음의 목소리다. 이런 목소리는 상대의 마음을 차분하게 해주고 편안하게 함으로써 자신의 생각을 전하고 소통하는 데 있어 적격이다. 이런 목소리를 지닌 사람으로 예를 든다면 배우 한석규를 들 수 있다. 그의 목소리는 중저음에, 말의 속도나 억양 등이 듣기 좋은 목소리를 지녔다. 그래서 그의 목소리를 좋아하는 사람들이 많고, 그의 목소리를 좋아하듯 한석규라는 사람도 좋아한다.

여자의 경우는 맑고 경쾌한 약간 고음의 목소리가 좋은 목소리로 꼽힌다. 이런 목소리는 사람의 기분을 끌어올리고 명랑 쾌활하게 만든다. 이런 목소리를 지닌 사람으로는 성우 강희선을 들수 있다. 그녀의 목소리는 남자들은 물론 같은 여자의 마음도 사로잡을 만큼 매력적이다.

좋은 목소리가 사람들에게 미치는 영향에 대해 잘 알게 해주는 이야기가 있다. 필자가 잘 아는 소아과 의원이 있는데, 원장은 군의관으로 오랜 세월 지내다가 의원을 개원했다. 오랜 군의관 생활의 영향인지는 몰라도 원장은 말이 없는 사람이어서 아이들을 달래고 어르는 것을 잘하지 못했다. 그런데 그의 부인은 그와는 정반대였다. 방울새 같은 맑고 경쾌한 목소리에 친절하기까지 했다. 그녀는 보호자인 젊은 엄마들을 잘 대해주었다. 그러니 소아과 의원은 늘 어린 환자들로 북적였다. 사람들이 친밀감을 갖게 하는 좋은 목소리에다 친절하기까지 하니 그녀를 좋아하는 사람들은 연령을 가리지 않았다.

좋은 목소리는 아니지만 개성 있는 목소리 또한 좋은 목소리 못지않게 효과적이다. 앞에서 말했듯이 김용옥의 특유의 목소리는 좋은 목소리보다 자신의 생각을 전달하는 데 더 효과적으로 작용한다. 개성 있는 목소리는 그 사람을 표현해주는 상징성이 매우 강하기 때문이다. 탤런트 최불암 또한 개성 있는 목소리로 잘 알려져 많은 사람들이 그의 목소리를 흉내 내곤 한다. 그래서 최불암 하면 먼저 그의 목소리를 떠올리게 된다.

이처럼 좋은 목소리나 개성 있는 목소리는 사람들에게 좋은 이미지를 심어줌으로써 대화나 논쟁뿐만 아니라 사람들과 소통하는 데 있어서도 매우 효과적이다.

호감 있는 목소리는 연습으로도 만들 수 있다

좋은 목소리는 천성적으로 타고나야 하지만, 훈련을 통해 얼마든지 좋은 목소리를 만들 수 있다. 좋은 목소리는 소리의 3요소를 잘 갖췄을 때 내는 소리라고 할 수 있다.

소리의 3요소는 '소리의 세기', '소리의 높이', '음색'이다. '소리의 세기'는 소리의 강약을 말하고, '소리의 높이'는 소리의 높낮이를 말하는 것이며, '음색'은 소리의 맵시를 뜻한다. 그러니까 소리의 빛깔이라고 할 수 있다.

이 외에도 좋은 목소리를 만드는 것으로는 말의 속도, 억양, 발음의 정확도 등을 들 수 있다.

좋은 목소리와 개성 있는 목소리를 기르기 위해서 고려해야 할 것은 다음과 같은 것들이다.

목소리를 가다듬는 노력

　이는 매우 힘든 일이지만 목소리를 '만드는' 것이다. 자신이 좋아하는 성우가 하듯 따라서 해보는 것이 목소리를 만드는 데 도움이 된다. 여기에 말의 속도와 억양을 함께 연습하면 된다. 자신이 좋아하는 사람의 목소리를 흉내 내다 보면 말의 속도나 억양도 자연스럽게 배울 수 있다.

　필자의 지인 중 목소리가 낭랑하고 경쾌한 여성이 있다. 그녀는 대전이 고향인데 평상시에는 정확한 표준어에다 예쁜 목소리로 말해 대전 사람이라는 게 믿기지 않을 정도였다. 그런데 어느 날 우연히 그녀의 원래 음성을 듣게 되었다. 그녀의 음성은 여자로서는 중저음에 속하고 약간의 충청남도 사투리를 쓰고 있었다. 자신도 모르게 원래의 음성이 나왔던 것이다. 나는 그녀가 무안해할까 봐 모른 척하고 넘어갔지만 참으로 놀랍다는 생각을 했다. 그녀가 평상시에 했던 말은 그녀가 만든 목소리였던 것이다. 나는 그녀를 보며 연습과 노력에 의해 얼마든지 좋은 목소리를 만들 수 있다는 것을 알게 되었다.

개성 있는 목소리 만들기

　개성 있는 목소리는 그 사람만의 고유의 특징을 잘 살릴 수 있는 목소리로, 좋은 목소리처럼 자신을 잘 드러내는 데 매우 효과적이다. 개그맨 엄용수를 보면 말이 상당히 빠르지만, 그래서 더 그의 말에 집중하게 된다. 김국진처럼 느릿느릿하고 약간 혀 짧은 목소리 또한 그만의 개성을 지님으로써 자신을 표현하는 데 도움이 된다. 이렇듯 개성 있는 목소리는 음성이 좋지 않아도 된다. 다만 자신이 남과 다른 점이 있다면 그것을 집중적으로 부각시킬 수 있도록 연습하라. 개성이 있는 목소리는 좋은 목소리 못지않게 자신을 드러내는 데 효과적이다.

좋은 음성과 개성의 조화

마지막으로, 좋은 목소리와 개성 있는 목소리를 동시에 기르기 위해서는 무엇보다 음성이 받쳐주어야 한다. 목소리도 좋은데 거기다 개성까지 있다면 금상첨화다. 성우 배한성을 보자. 그는 중저음에 매끄러운 목소리를 가졌다. 그런데 그의 목소리는 개성 또한 강하다. 특유의 콧소리는 그만의 트레이드마크가 되었다. 그는 외화 〈형사 콜롬보〉, 만화 〈형사 가제트〉 등에서 자신만의 진가를 유감없이 보여주었고, 그럼으로써 많은 사람들의 인기를 얻었다. 만일 자신이 좋은 음성을 가지고 개성적인 목소리를 지녔다고 생각된다면 꾸준히 연습하라. 좋은 목소리와 개성적인 목소리는 무형의 자산과도 같다.

연습과 노력에 의해 좋은 목소리나 개성 있는 목소리는 얼마든지 만들 수 있다. 다만 음색은 바꾸기 힘들다. 음색은 목소리의 무늬라고 할 수 있는데, 이는 그 사람만의 소리의 특질이기 때문이다. 그러나 음의 높낮이, 말의 속도, 억양 등은 연습과 노력을 통해 얼마든지 바꿀 수 있다.

화법의 요소 '목소리'의 키포인트

● 좋은 목소리나 개성 있는 목소리는 사람들에게 좋은 이미지를 심어 줌으로써 대화나 논쟁뿐만 아니라 사람들과 소통하는 데 있어서도 매우 효과적이다. 좋은 목소리를 길러라. 좋은 목소리는 경쟁력이다.

● 목소리가 좋은 사람은 더욱 부드럽고 따뜻한 정감이 느껴지도록 연습하고, 목소리가 나쁘다고 생각하는 사람은 개성 있는 목소리를 만들도록 연습하라. 개성 있는 목소리 또한 좋은 목소리 못지않게 좋은 이미지를 갖게 한다.

● 좋은 목소리는 그 자체만으로도 그 사람을 긍정적인 사람으로 보게 한다. 목소리는 단순히 의사를 전달하는 수단이 아니라 그 사람의 경쟁력과 같다. 그것이 좋은 목소리, 개성 있는 목소리를 길러야 할 이유이다.

몸동작은 말의 효과를 높인다

"커뮤니케이션의 본질은 제스처다."

미국의 철학자이자 심리학자인 조지 미드George Mead의 말이다. 몸동작은 대화나 논쟁에 있어 상대의 이목을 자신에게 집중시키는 효과가 있다. 몸동작은 말이 통하지 않는 외국인과의 의사소통도 가능하게 한다. 먹으라든지, 마시라든지, 뛰라든지, 웃으라든지 하는 등의 소소한 소통은 몸동작으로 충분이 전달할 수 있다. 그런 까닭에 몸동작은 몸으로 표현하는 말, 바디스피치Body Speech로서 이를 '몸짓언어'라고 한다.

심리학자인 줄리어스 파스트Julius Fast는 자신의 저서 《바디 랭귀지Body Language》에서 몸짓언어의 중요성에 대해 강조했는데, 몸짓언어에도 표정이 있어 몸짓 하나에도 주의를 기울여야 함을 잘 알게 한다. 이에 대해 영국의 문화인류학자인 데즈먼드 모리스Desmond Morris는 이렇게 말했다.

"제스처란 첫째, 동작이 타인에게 보여야 하고, 둘째, 어떤 정보가 전달되어야 한다."

데즈먼드의 말은 자신이 전하고자 하는 의도를 제스처, 즉 몸동작으로 담아내야 한다는 것을 의미한다.

윈스턴 처칠은 자신의 말을 전하면서 두 손가락으로 승리를 상징하는 'V'자를 그려 보였으며, 존 F. 케네디는 한 팔을 들어 청중을 향해 흔들면서 말을 했다. 처칠이나 케네디가 해 보인 제스처는 자신의 말을 강조할 때 그에 맞게 시도함으로써 시각적인 효과는 물론 자신의 말에 대한 중요성을 깊이 인식시켰던 것이다.

이렇듯 몸동작은 사람들의 시선을 집중시키는 데 매우 효과적이다. 대화나 논쟁을 할 때 자신이 전달하고자 하는 내용에 맞는 몸동작을 해 보인다면 말의 효과를 높일 수 있다.

연출로서의 몸동작이 필요한 이유

명강사로 유명한 김용옥은 유난히 몸동작이 크다. 그는 말을 하면서도 한시도 손을 그대로 두지 않는다. 칠판에 글자를 쓴다든가 아니면 자신이 하는 말의 상황에 따라 그의 몸동작도 바쁘게 움직인다. 그의 그런 몸동작은 사람들의 눈과 귀를 자신에게서 떼지 못하게 만든다. 그의 특이한 몸동작은 웃음을 자아내기도 하지만, 그런 이유로 그의 말은 더욱더 사람들의 머리에 정확하게 입력된다.

버락 오바마가 뛰어난 연설가이자 논객으로 세계인의 주목을 받은 이유는 그의 뛰어난 화법에 있다. 그의 목소리를 보면 굵은 저음이지만, 억양의 높낮이와 말의 속도 조절을 능숙하게 함으로써 다소 처질 수 있는 화법을 자기만의 스타일로 구사한다. 특히, 그가 말하는 도중 강조하고자 하는 부분에서 손을 들어 보이는 몸동작은 말과 조화롭게 어울려 그의 말을 극대화시키는 효과가 있다.

반면에 푸틴의 화법을 보면, 러시아어의 특성에 따른 건지는 모르겠으나 억양의 높낮이나 말의 속도가 밋밋하다. 그가 하는 말이나 연설을 보면 답답한 느낌이 든다. 그런 데다 그만의 특이한 몸동작을 볼 수 없어 더더욱 그의 말은 밋밋하기 그지없다.

이처럼 몸동작은 말을 잘하는 것 그 이상으로 중요하다. 앞에서도 말했듯이 몸동작은 '몸으로 하는 말'이기 때문이다.

"몸이 표현하는 것도 커뮤니케이션의 일부이므로 신체적 표현에 유의해야 한다. 발언이 간결할수록 당신의 몸이 표현하는 것과 말은 상호 간에 더욱 혼연일체를 이루어야 한다."

이는 뉘아주 블랑-상토르 이뎁의 부사장인 리오넬 벨랑제가 한 말로, 몸동작의 중요성을 잘 알게 한다.

자신의 생각을 효과적으로 전달하기 위해서는 김용옥이나 버락 오바마처럼 연출로서의 몸동작은 반드시 필요하다.

know-how 몸동작 연출하기

★ 자신의 신체적 특징을 잘 살리는 것이 가장 효과적이다. 그것은 하나의 재능과도 같기 때문이다. 또한 크게 힘들이지 않고 좋은 효과를 낼 수 있다. 자신의 신체적 특징을 적극 활용하라.

★ 자신이 가장 자연스럽게 할 수 있는 제스처를 몸에 배게 연습하되, 지금 하는 말의 상황에 맞게 동작을 취하는 연습을 하도록 한다. 말과 몸동작이 딱 맞아떨어질 때 화법의 효과는 그만큼 더 커지는 것이다.

★ 자기가 좋아하는 사람들의 몸동작을 모델로 삼아 연습하면 좋은 효과를 낼 수 있다. 그것은 마치 그 사람으로부터 가르침을 받는 것과 같기 때문이다.

★ 몸짓은 하나의 언어이다. 말을 굳이 하지 않아도 될 부분에서는 몸짓 하나만으로도 자신의 생각을 충분히 전달할 수 있다. 이는 수화와 같은 원리이다.

★ 자기만의 상징적인 몸동작을 만들어라. 그래서 그 몸동작만 생각하면 사람들이 나를 떠올릴 수 있도록 해야 한다. 그렇게 될 때 몸동작은 하나의 언어이자 당신을 상징하는 몸짓 언어로서 가치를 지니게 된다.

세계적인 명연설가로 손꼽히는 인권운동가 마틴 루서 킹Martin Luther King, 세계적 설교가 빌리 그레이엄Billy Graham 등은 말을 유창하게 잘하기로 유명하다. 그런데 그들을 더욱 돋보이게 하는 것은 그들의 개성 있는 몸동작이다. 유창한 언변과 그와 딱 맞아떨어지는 몸동작은 절묘한 조화를 이뤄 연설의 효과를 최대한 극대화시킴으로써 유능한 연설가로 인정받게 하는 것이다. 그들 또한 꾸준한 노력을 통해 자기만의 몸동작을 만들었음을 기억하라.

그렇다. 꾸준한 노력과 연습만큼 효과적인 것은 없다. 연습은 가장 훌륭한 교사임을 명심해야 한다.

화법의 요소 '몸동작'의 키포인트

● 몸동작은 사람들의 시선을 집중시키는 데 매우 효과적이다. 대화나 논쟁을 할 때 자신이 전달하고자 하는 말의 내용에 맞는 몸동작을 해 보인다면 보다 좋은 효과를 내게 된다.

● 자신만의 개성 있는 몸동작을 만들어라. 신체적 특징을 활용하거나, 자신이 가장 잘할 수 있는 동작을 자연스럽게 몸에 배도록 연습하라.

● 자신의 롤 모델을 교과서 삼아 연습하면 쉽게 몸동작을 만들 수 있다. 다만, 흉내로 그치는 게 아니라 자신만의 몸동작을 만들어야 한다. 그래야 자신의 상징적 몸동작으로서 가치를 지니게 된다.

04

첫 이미지의 중요성

인간관계에 있어 이미지는 매우 중요하다. 특히 첫 이미지는 뇌리에 깊이 인식되어 오래도록 기억된다. 따라서 첫 만남을 가질 때에는 무엇보다도 좋은 이미지를 심어주는 것이 필요하다.

첫 만남에서 이미지가 좋으면 관심을 기울이게 되고, 그와 좋은 인간관계를 이어가기를 바라게 된다. 그러나 이미지가 나쁘면 부정적으로 생각하게 되어 그와의 만남을 꺼리게 된다.

사람들에게 좋은 이미지를 심어주기 위해서는 자신을 좋게 인식되게끔 이미지를 만들 필요가 있다. 첫 이미지는 자신의 삶을 송두리째 바꿀 만큼 인생에 매우 중요하기 때문이다. 이에 대해 경영 컨설턴트이자 인간관계 전문가이며《Yes를 끌어내는 설득의 심리학》의 저자 레스 기블린Les Giblin은 이렇게 말했다.

"첫 만남은 결정적이다. 첫 이미지가 마지막 이미지가 될 수 있다. 첫 이미지가 좋으면 그다음부터는 사람들을 대하기가 쉽지만, 첫 이미지가 나쁘면 두 번째 만남에서 당신에 대한 이미지를 바꾸기는 생각보다 어렵다."

이미지가 사람들에게 미치는 절대적인 영향에 대한 이야기가 있다.

존 F. 케네디와 리처드 M. 닉슨이 미국 제35대 대통령 선거를 치를 때의 일이다. 당시 대통령이었던 아이젠하워는 공화당 후보인 닉슨을 적극 지원했다. 닉슨은 부통령으로 8년 동안이나 지내왔던 터라 정치경험이 풍부하고 국제무대에도 친숙한 사람이었다. 그에 비해 존 F. 케네디는 민주당 후보로 국제적으로도 국내적으로도 영향력이 현저히 낮았다. 단지 나은 게 있다면 명문가인 케네디 가문이라는 것뿐이었다.

많은 정치경험과 인지도를 가진 닉슨은 마치 자신이 대통령 선거에서 이긴 듯이 행동했다. 하지만 케네디는 닉슨에 비하면 풋내기 정치인이었다. 그는 많은 생각을 했다. 닉슨에 비해 인지도가 턱없이 낮았기 때문에 자신을 국민들에게 알릴 수 있는 기회를 찾아야 했다. 곰곰이 생각을 거듭하던 케네디는 텔레비전 토론회에서 승부를 걸기로 했다. 그것이야말로 짧은 기간에 자신을 알릴 수 있는 좋은 기회였기 때문이다.

케네디는 잘생긴 외모와 젊음을 십분 발휘할 생각이었다. 그는 거울을 보며 이미지 창출을 위해 연습하고 또 연습했다.

드디어 텔레비전 토론회가 시작되었다. 케네디는 잘생긴 외모 못지않은 언변으로 닉슨을 몰아붙였다. 미국 국민들은 젊고 잘생긴 케네디에게 그만 빠져버리고 말았다. 잘생긴 외모에다 말까지 잘하니 케네디에게 열광하게 되었던 것이다. 얼마 후 선거가 치러졌고 케네디는 당당하게 미국 제35대 대통령으로 당선되었다.

이미지 창출을 위한 케네디의 전략은 인지도가 낮은 자신을 대통령으로 만드는 데 큰 힘이 되었다.

이처럼 이미지는 매우 중요하다. 닉슨은 많은 인지도와 풍부한 정치경험이 있는 데다 현직 대통령인 아이젠하워의 지지를 받았지만, 이미지가 뛰어난 정치 초급자 케네디를 이길 수 없었다. 이미지는 자신을 알리는 데 있어 그 어떤 것보다도 위력이 크다.

첫 이미지는 매우 중요하다. 언제 어디서나 사람들에게 좋은 이미지를 심어주도록 해야 한다. 그렇게 할 때 자신이 심은 이미지만큼 사람들과의 소통을 통해 좋은 인간관계를 이어가게 되는 것이다.

나의 장점을 찾아 좋은 이미지를 가꿔라

사람들에게 좋은 이미지를 심어주기 위해서는 자신의 장점을 잘 살려 호감 있는 이미지를 만들어야 한다. 그것은 외모일 수도 있고, 품격 있는 몸가짐일 수도 있으며, 사람들의 마음을 울리는 좋은 목소리일 수도 있다. 자기가 가장 자신 있게 할 수 있는 것으로 이미지를 가꾸면 된다.

know-how 좋은 이미지 가꾸기

★ 미소는 좋은 이미지의 수단이 된다. 거울을 보고 가장 예쁘게 미소 짓는 연습을 하라. 예쁜 미소가 자연스러워지면 사람들은 당신을 보는 것만으로도 기분이 좋아지고 당신에게 호감을 갖게 된다.

★ 예의도 좋은 이미지의 수단이 된다. 항상 몸과 마음가짐을 바르게 하여 사람들을 대한다면 사람들은 당신을 좋은 사람으로 생각하고 긍정적인 관계를 이어가기를 바라게 될 것이다.

★ 친절한 행동은 좋은 이미지를 심어준다. 친절하게 사람들을 대하면 그들은 당신을 좋은 사람이라고 생각하게 되어 당신과 좋은 인간관계를 맺고 싶어 할 것이다.

★ 좋은 목소리는 사람들에게 호감 있는 이미지를 심어준다. 당신이 좋은 목소리를 가졌다면 이를 최대한 활용하라. 사람들은 당신을 생각하면 '아, 목소리 좋은 친구' 하고 당신과 좋은 사이가 되기를 바랄 것이다.

★ 칭찬을 잘하면 사람들에게 좋은 이미지를 심어줄 수 있다. 칭찬 잘하는 사람은 마음이 넉넉하고 긍정적인 마인드를 가진 사람이라고 여겨지기 때문이다. 속이 좁고 부정적인 사람은 남을 칭찬하는 데 인색하다. 그러면 결국 사람들에게 나쁜 이미지를 심어주게 된다. 그러나 칭찬을 잘하는 사람은 매사에 적극적이고 좋은 사람이라는 이미지를 심어준다.

이 외에도 당신만이 살릴 수 있는 장점이 있다면 그것은 충분히 당신의 좋은 이미지가 될 것이다. 하지만 좋은 이미지를 심어줄 만한 것이 없어도 문제 될 것은 없다. 이미지 가꾸기를 통해 얼마든지 좋은 이미지를 만들 수 있기 때문이다.

가령, 얼굴이 우락부락하게 생긴 사람이 있다고 하자. 이 사람이 입을 꾹 다물고 있으면 보는 것만으로도 불편하게 생각될 것이다. 그러나 이 사람이 치아가 보이도록 환하게 웃는다면 어떨까? 마치 귀여운 개구쟁이 소년처럼 이미지가 바뀔 것이다.

이종격투기 선수인 밥 샙Bob Sapp은 키가 2미터에 몸무게는 무려 170킬로그램이나 되는 거구이다. 거기다 외모는 우락부락하게 생겨 보는 것만으로도 주눅 들게 한다. 그런데 그가 하얀 치아를 드러내고 웃으면 순간 귀여운 초등생 어린이가 된다. 웃을 때와 입을 다물고 있을 때의 그의 이미지는 완전히 극과 극이다. 그의 외모와는 전혀 다른 천진난만해 보이는 그의 미소가 주는 이미지 때문에 사람들은 그를 좋아한다.

첫 이미지에 실패하더라도 다시 노력하라

좋은 이미지를 심어줄 수 있는 장점이 없거나 처음에 나쁜 이미지를 주었더라도 걱정할 것은 없다. 이미지 가꾸기를 통해 긍정적인 이미지를 보여주면 되기 때문이다. 이에 대해 일본 고마자와여자대학 교수이자 심리학 전문가인 도미타 다카시는 이렇게 말했다.

"첫 이미지에 실패했다고 해서 걱정할 필요는 없다. 인간의 심리에는 '친근 효과'라는 것이 있다. 사람의 마음은 가장 새로운 정보나 이미지에 영향을 받기 쉽다. 이것을 이용하면 첫 이미지의 마이너스 점수를 플러스로 변화시킬 수 있다. 두 번째 만남에서 거북하더라도 자신이 좋은 이미지를 주지 못했다는 것에 신경 쓰지 말아야 한다. 스스로 확실히 구분을 지은 다음 새로운 기분으로 상대를 대하면 된다. 이를 위해 '지난번 실례가 많았습니다' 하고 먼저 밝은 목소리로 인사를 하라. '지난번 실례가 많았습니다' 이 한마디는 평소에도 흔히 쓰는 인사말이지만 새롭게 시작하는 기회를 만드는 인사말이기도 하다."

도미타 다카시의 말은 자신의 좋지 않은 것에 대해 스스로 인정하고 새로운 모습을 보여주도록 노력하면 된다는 것이다.

그렇다. 사람들은 누구나 실수를 한다. 하지만 노력함으로써 실수를 충분히 만회할 수 있다. 그러면 오히려 더 좋은 인간관계를 맺게 된다. 우리는 이런 경우를 실제로도 종종 보게 된다.

가령, 새로 이사 온 집과 사소한 문제로 다퉜던 사람들이 나중에는 누구보다 사이좋게 지내는 경우가 있다. 이는 친구들 사이에서도 마찬가지다. 잘못을 고치면 더 좋게 보게 되는 것이 인지상정이기 때문이다.

이렇듯 이미지는 인간관계에 있어 매우 중요한 역할을 하여 대화나 논쟁의 화법에 많은 영향을 준다.

말하기 능력 레벨업! 화법의 주요 구성요소

화법의 요소 '이미지'의 키포인트

● 이미지가 좋으면 관심을 기울이게 되고, 그와 좋은 인간관계를 이어가기를 바라게 된다. 그러나 이미지가 나쁘면 부정적으로 생각하게 되어 그와의 만남을 꺼리게 된다. 이미지는 인간관계를 매끄럽게 이어주는 소통의 윤활유다.

● 자신이 가장 잘할 수 있는 것을 이미지로 삼아도 좋다. 미소가 예쁘다든지, 친절하다든지, 칭찬을 잘한다든지, 목소리가 좋다든지 하는 자신의 장점을 최대한 활용하도록 습관화하라.

● 자신만의 장점이 잘 생각나지 않더라도 걱정할 것은 없다. 자신 있게 내세울 수 있는 특징을 찾아 꾸준히 몸에 배게 연습하면 된다. 꾸준한 연습은 그 어떤 것도 자연스럽게 만드는 최선의 방법이다.

05

유머의 힘

유머는 사람들 사이에 긴장을 완화시킴으로써 분위기를 화기애애하게 하는 소통의 수단이다. 처음 본 사람이라도 말을 유머러스하게 하면 경계의 끈을 다소 늦추게 된다. 유머를 즐기는 사람이 그렇지 않은 사람보다 인간관계가 좋은 것은 바로 이런 이유에서다.

한두 마디의 유쾌한 유머가 주는 효과는 대단히 크다. 다음은 유머가 주는 말의 힘을 엿볼 수 있는 이야기다.

하버드대학교에 매우 유능한 교수가 있었다. 학생들은 그 교수에게 인정받고 싶어 열심히 공부했다. 교수는 학생들의 과제인 리포트를 채점하는 데 매우 신속했다. 그래서 학생들은 이에 대해 의문을 품기 시작했다. '혹시 다 읽지 않고 앞부분만 슬쩍 보는 건 아닐까' 하고 말이다.

그러던 어느 날 교수로부터 질타를 받은 학생이 교수를 골려줄

요량으로 질문을 던졌다.

"교수님, 전 리포트 22쪽과 23쪽을 풀로 붙여 제출했습니다. 그런데 교수님은 그걸 모르고 계십니다. 그 부분을 읽지 않으셨다는 게 분명히 드러난 셈이 아닙니까?"

그러자 교수는 아주 침착하게 말했다.

"달걀이 썩어 있는 걸 전부 먹어보아야 알 수 있는가?"

그러자 학생은 아무런 말도 하지 못했다. 교수의 유머 섞인 한마디 말은 큰 소리로 야단을 치는 것보다 더 학생을 부끄럽게 만들었다. 유머는 자신의 생각을 상대에게 스며들게 하는 데 매우 효과적이다.

열띤 논쟁을 하다 보면 서로를 질타하며 이를 악물고 싸우는 경우도 종종 있다. 지기 싫어하는 마음은 이처럼 이성을 잃게 만든다. 하지만 유머는 최악의 상황에서도 웃음을 자아내어 논쟁의 과열된 분위기를 부드럽게 해준다. 탁월한 심리학자이자 하버드 대학교 교수인 윌리엄 제임스William James 는 이렇게 말했다.

"명랑함을 잃었을 때, 자기 힘으로 그것을 돌이키는 가장 좋은 방법은 이미 명랑함을 돌이킨 듯이 명랑하게 말하고 행동하는 것이다."

윌리엄 제임스의 지적처럼, 생각을 어떻게 하느냐에 따라 문제의 본질은 달라지는 것이다. 즉 즐겁지 않으면 즐겁게 생각하면 되고, 기쁘지 않으면 기쁘게 생각하고 행동하면 된다. 유머 또한 자신의 의지에 달린 것이다.

유대인들은 유머를 '지성의 숫돌'이라고 말한다. 즉 유머를 지성을 키우는 도구로 사용한다는 말이다. 유머를 구사하게 되면 지성을 기를 수 있다는 뜻이다.

유머는 단지 웃기는 말이 아니다. 지성을 기르고 즐거움을 주는 데 유머는 큰 역할을 한다. 논쟁에서 유머는 상대나 청중의 마음을 무장 해제시킴으로써 자신의 주장을 깊게 각인시키는 수단이 된다. 이렇듯 유머는 훌륭한 '승리의 논쟁술'이다.

유머와 해학 배우기

유머와 해학은 대화나 논쟁을 유리하게 이끌기 위한 훌륭한 화법의 요소이다. 조선시대 방랑시인 김삿갓(김병연)이 많은 서민들에게 인기를 끈 이유는 그의 촌철살인적인 해학에 있었다.

김병연은 뛰어난 문장으로 장원급제를 했는데, 시제가 홍경래의 난에 관한 것이었다. 그는 당시 선천부사였던 김익순이 홍경래에게 투항한 것을 비판하는 글을 썼었다. 그런데 나중에 김익순이 자신의 할아버지인 것을 알게 되었다. 그는 벼슬길에 오르지 않고 평생을 떠돌며 해학과 풍자가 담긴 시를 짓고 유유자적하며 지냈다. 서민들이 그에게 열광한 것은 탐관오리와 조정의 실책을 해학 속에 담아 거침없이 비판했기 때문이다.

유머와 해학은 사람들의 마음을 훈훈하고 따뜻하게 해준다. 경직되고 딱딱한 분위기나 문제점도 한마디의 유머로 단숨에 날려

버릴 수 있다. 다음은 유머 있는 말이 청중에게 미치는 영향에 대한 일화이다.

제40대, 제41대 미국 대통령을 역임한 로널드 레이건_{Ronald Reagan}을 보자. 그는 안정적인 경제력을 바탕으로 강한 미국을 표방하며 미국 국민들로부터 존경을 한 몸에 받은 행복한 대통령이었다. 레이건은 영화배우 출신답게 잘생긴 외모에 환한 미소, 그리고 빼어난 유머감각으로 참모를 비롯한 주변 사람들을 사로잡았다. 다음은 로널드 레이건이 어느 모임에서 한 연설이다.

"캘리포니아 주지사 시절, 나는 미국을 대표하는 자격으로 여러 차례 멕시코를 방문했습니다. 한번은 상당히 많은 청중 앞에서 연설을 할 때였습니다. 연설을 끝내고 자리에 앉았는데 박수 소리가 신통치 않았습니다. 그래서 조금 당황했습니다. 사실 나는 자의식이 강한 사람인데 좀 기분이 묘했습니다. 그런데 나를 더 당황스럽게 하는 일이 생겼습니다. 나 다음으로 연설을 하는 사람은 스페인 언어를 구사했는데, 말이 끝날 때마다 크게 박수를 치는 것이었습니다. 그래서 나는 당황한 내 모습을 감추기 위해 더 열렬하게 박수를 쳐댔습니다. 그런데 잠시 후 우리나라 대사가 내게 소리 낮춰 말했습니다. '내가 당신이라면 그렇게 박수를 치지는 않을 겁니다. 저 사람은 지금 당신의 연설을 통역하고 있으니까요.' 하고 말하는 것이었습니다. 어찌나 내 모습이 우스꽝스러운지 그때를 생각하면 내가 나를 생각해도 웃기는 촌놈이었지요."

레이건의 말이 끝나기도 전에 청중은 큰 소리로 웃으며 박수를 쳤다. 생각해보라. 얼마나 웃기는 얘기인가. 보통 사람들 같으면 자신의 어리숙함이 들통날까 숨기기 급급할 텐데, 그는 자신의 그런 모습을 기탄없이 드러내며 청중을 재밌게 해주었던 것이다.

"내게 있어서 최대의 학교는 조크였다. 세상 사람들은 룰만 믿어서는 안 된다. 그 룰에 매여 있어서는 그 룰을 바꿀 만한 새로운 룰을 만들어낼 수 없기 때문이다."

이 말은 20세기의 최고 물리학자인 알베르트 아인슈타인Albert Einstein이 한 말이다. 그는 유머감각이 매우 탁월해 주변 사람들을 즐겁게 했다고 한다. 우리가 잘 알고 있는 프로이트, 에디슨, 헨리 키신저도 유머 감각이 매우 뛰어나 언제나 사람들의 시선을 한 몸에 받았다고 한다. 이들은 당대의 뛰어난 논객이라는 공통점을 안고 있다.

know-how 유머 능력 기르기

★ 유머와 해학은 천성적으로 타고나야 하지만, 같은 말도 재밌게 하도록 꾸준히 연습하면 어느 정도 유머 감각을 기를 수 있다. 스피치를 연마하듯 유머와 해학 또한 연습으로도 얼마든지 늘 수 있다.

★ 말을 재밌게 하는 사람을 유심히 관찰하여 그가 하는 대로 따라서 하

라. 말을 재밌게 하는 사람은 가장 좋은 유머 교과서다.

★ 재미있는 이야기를 수집하고 머릿속에 저장하여 상황에 맞게 활용하라. 처음엔 어색하고 어정쩡해도 자꾸 하다 보면 능숙하게 구사하게 된다.

★ 자신이 말하고자 하는 논점을 반어적으로 표현하면 상대나 청중으로부터 웃음을 자아낼 수 있다. 반어적인 표현을 재미있게 구사할 수 있도록 연습하라.

★ 유머는 마음에 여유가 있을 때 나온다. 여유는 사람을 너그럽게 하고 관대하게 한다. 마음을 여유롭게 가지도록 노력하라.

일본 고마자와여자대학의 도미타 다카시는 그의 저서《표현의 달인》에서 이렇게 말했다.

"조크나 유머는 사람의 마음을 온화하게 한다. 회의나 토론이 팽팽해져 험악한 분위기가 되었을 때나 예상외의 질문에 말이 막혔을 때 등 기분을 부드럽게 만들고 싶다면 유머가 최선이다."

도미타 다카시의 말에서 보듯 유머와 해학적인 말은 딱딱하고 위축된 분위기에서 사람들의 마음을 말랑말랑한 젤리처럼 부드럽게 만들어줌으로써 공감하게 하는 힘을 지니고 있다. 유머와 해학은 대화나 논쟁에 있어 사람들의 가슴을 시원하게 해주는 청량제와 같다.

굿 메시지

화법의 요소 '유머'의 키포인트

● 유머를 즐기는 사람은 그렇지 않은 사람보다 인간관계가 좋다. 유머는 사람들 사이에 긴장을 완화해줌으로써 분위기를 화기애애하게 하고, 친밀감 있게 만들기 때문이다. 유머는 인간관계를 이어주는 소통의 벨트다.

● 유머를 잘하는 사람은 훌륭한 유머 교과서가 될 수 있다. 그런 사람들을 교과서 삼아 세밀하게 관찰하고 꾸준히 따라서 하라. 그렇게 하다 보면 자기만의 유머 능력이 길러진다.

● 재밌는 이야기를 수집하고, 그것을 상황에 맞게 활용하도록 하라. 사람들은 유머 있는 사람에게는 경계심을 풀고 다가가는 경향이 있다. 또한 마음의 여유를 갖도록 해야 한다. 유머는 마음의 여유가 있을 때 더욱 진가를 발휘하게 된다.

경험과 지식experience and knowledge

06

경험과 지식은 내 주장의 근거가 되어준다

대화와 논쟁을 할 때 다양한 분야에서 경험과 지식이 풍부하면 훨씬 유리하게 분위기를 이끌어갈 수 있다. 대화나 논쟁에서 자신의 생각을 뒷받침하는 데 풍부한 경험과 지식은 훌륭한 근거가 되어주기 때문이다. 그뿐 아니라 대개의 사람들은 풍부한 경험과 지식을 가진 사람을 실력을 갖춘 사람이라고 믿고 신뢰하는 경향이 있다.

"경험은 가장 훌륭한 스승이다. 다만 학비가 비쌀 따름이다."

이는 영국의 사상가인 토머스 칼라일Thomas Carlyle이 한 말로, 경험의 중요성에 대해 잘 알게 한다. 경험은 돈으로 살 수 없는 그 이상의 가치를 지닌 살아 있는 지식의 총체라고 할 수 있다. 따라서 다양한 일을 통해 풍부한 경험을 지닐 수 있다면 그것이 몇 개의 박사학위를 가지고 있는 것보다도 낫다.

"지식 없이 상상력만 가진 사람은 발 없이 날개를 가진 것과 같다."

이는 프랑스의 화가 장 앙리 쥐베르Jean Henri Zuber가 한 말로, 지식이 없는 상상력은 뿌리 없는 나무와 같음을 의미한다. 다시 말해 상상력이나 아이디어 등은 그것을 현실화시키는 데 도움이 되는 지식을 바탕으로 해야 함을 말한다. 여기에 지식의 중요성이 있는 것이다.

어떤 문제에 대해 대화를 하거나 논쟁을 할 때 아무리 자신의 정당한 생각을 주장한다고 해도 그 주장을 뒷받침할 수 있는 경험이나 지식이 없다면 그 주장이 가치를 인정받는 데는 한계가 있다. 증거가 없는 주장은 사람들에게 확신을 주지 못하기 때문이다.

김용옥이 명강사로 인정받는 것은 그의 해박한 지식과 풍부한 경험 때문이다. 그는 고려대학교를 나와 도쿄대학에서 철학 석사를, 하버드대학에서 철학 박사학위를 취득했다. 또한 그는 서양철학을 비롯해 기독교, 예술비평, 의학, 평론, 에세이 등에 해박한 지식을 지니고 있다. 김용옥의 해박한 논리의 바탕은 동양철학, 서양철학은 물론 기독교, 불교, 유교를 비롯한 종교 분야와 문학과 한의학, 연극과 연출까지 그 폭이 상당히 넓다.

명강사들의 가장 뚜렷한 공통점은 다방면에서 많은 지식과 경험을 갖고 있다는 것이다. 그들은 자신의 풍부한 지식과 경험을 바탕으로 당당하고 활기차게 자신의 생각을 전달한다. 그러면 청중들은 당연히 열광하게 되고, 그들은 더욱더 명강사로 이름을 날리게 되는 것이다.

반면 지식이 얕고 경험이 부족하면 자신감을 잃게 되어 자신의 능력을 발휘하는 데 제약을 받는다. 풍부한 지식과 경험이 화법의 격을 높이는 데 얼마나 중요한지 알 수 있다.

풍부한 경험과 해박한 지식은 대화와 논쟁을 하는 데 있어 절대적으로 필요하며, 화법의 요소로서 훌륭한 가치를 지니게 됨을 기억하라.

풍부한 경험과 지식 기르기

풍부한 경험과 지식은 인생을 풍요롭게 하는 윤활유와 같은 것이다. 하지만 경험이 풍부하고 지식이 뛰어나다고 해도 스스로를 자랑해서는 안 된다. 그것은 어리석은 사람이나 하는 일이다. 이에 대해《명심보감》은 이렇게 말한다.

"스스로 옳다고 여기는 사람은 분명하게 판단하지 못하고, 스스로 만족해하는 사람은 드러나지 않으며, 스스로 뽐내는 사람은 공로가 없어지고, 스스로 자랑하는 사람은 오래가지 못한다."

그렇다. 모든 것은 정도가 있는 법이다. 정도를 넘어선다는 것은 자신에게 덕이 되지 않음은 물론 도리어 해악이 된다.

《탈무드》에서도 "스스로 자신을 칭찬하지 말라"고 말한다. '칭찬'은 달리 말하면 '자랑'이다. 이 또한 스스로 자랑함을 경계하여 이르는 말이다.

이렇듯 풍부한 경험과 지식을 갖고 있다 하더라도 그것을 자랑 삼는다면 사람들로부터 좋지 않은 말을 듣게 된다. 그것은 스스로를 부끄럽게 하는 일이며 사람들과 소통하는 데 문제를 일으킨다. 그런 사람을 가까이하려고 하는 사람은 없기 때문이다.

풍부한 경험을 갖추고 지식이 뛰어나고 학문이 깊은 사람은 자신의 지식과 학문을 자랑하지 않는다. 그것은 어리석은 사람이나 하는 일이라는 것을 잘 알기 때문이다.

풍부한 경험과 지식은 인생을 가치 있게 살아가는 데 반드시 필요하다.

"지식은 고령자에게 기분 좋은 은신처이며 필요한 피난처이다. 젊을 때 지식을 심어두지 않으면 늙었을 때 햇볕을 가려주는 구실을 해주지 않을 것이다."

이는 16세기 영국의 정치가인 필립 체스터필드Philip Chesterfield가 한 말로, 사람이 왜 지식을 쌓아야 하는지를 단적으로 보여준다.

나이가 들어갈수록 지식은 더욱 빛을 발하게 된다. 인생을 더 깊이 있게 살아가는 데 도움을 주기 때문이다. 또한 경험이 풍부하고 해박한 지식을 갖고 있으면 언제 어떤 상황에 처하더라도 능히 그 상황을 헤쳐 나갈 수 있다.

know-how 풍부한 경험과 지식을 기르는 방법

★ 가급적 다양한 경험을 쌓도록 해야 한다. 그러기 위해서는 다양한 체험을 해보는 것이 중요하다. 직접 몸으로 부딪쳐서 얻는 경험은 훌륭한 인생 교과서가 되어준다.

★ 다양한 교육 프로그램에 참여하여 배우는 것이 좋다. 대학의 평생교육원, 언론사에서 하는 학습 프로그램, 도서관 및 각 기관에서 운영하는 학습 프로그램 등을 이용하면 저렴한 비용으로도 얼마든지 질 좋은 교육을 받을 수 있다.

★ 다양한 취미 모임이나 동인 활동을 통해 경험과 지식을 쌓는 것도 좋은 방법이다. 취미 모임이나 동인 활동을 하는 사람들 가운데는 지식이 많고 경험이 풍부한 사람들이 있기 때문에 자기만 부지런하면 얼마든지 그들에게 배울 수 있다.

★ 책은 훌륭한 스승이다. 여러 분야의 다양한 책을 읽어라. 책은 시간과 장소를 가리지 않고 접할 수 있어 보다 손쉽게 지식을 기를 수 있고, 간접 경험도 체득하게 된다.

★ 인문학에 열정을 갖도록 하라. 인문학은 정신과 마음을 새롭게 가다듬게 하고, 사물을 인식하고 이해하는 데 많은 도움을 준다. 깊은 성찰을 통

한 깨달음은 자신만의 철학과 사상을 갖게 하고, 자기만의 목소리를 내는 데 큰 힘이 되어준다.

당신의 생각을 주저하지 않고 당당하게 말하기 위해서는 많은 것을 알아야 한다. 많이 알면 자신감이 생겨 거침없이 말할 수 있게 된다. 여기에 풍부한 경험과 해박한 지식을 길러야 할 이유가 있는 것이다.

그렇다. '아는 것은 힘이다'라는 평범한 말이 가장 진리라는 것을 알아야 한다. 많이 알고 경험이 풍부한 사람을 이길 수 있는 사람은 그보다 더 많이 알고 경험이 풍부한 사람이다.

말 또한 많이 아는 자와 경험이 풍부한 사람이 말을 잘하는 법이다. 안다는 것은 당당하게 자신감을 키우는 에너지이기 때문이다.

화법의 요소 '경험과 지식'의 키포인트

● 대화나 논쟁에 있어 풍부한 경험과 지식은 자신의 생각을 뒷받침하는 훌륭한 근거가 되어준다. 대화와 논쟁을 유리하게 이끌기 위해서는 풍부한 경험을 쌓고 다양한 지식으로 무장해야 한다.

● 지식을 기르기 위해서는 다양한 분야의 다양한 책을 읽어라. 독서보다 좋은 스승은 없다. 또한 도서관을 비롯한 사회기관에서 운영하는 프로그램에 참가하여 배워라. 큰돈 들이지 않고 훌륭한 강사의 가르침을 받을 수 있어 지식을 쌓는 데 매우 유용하다.

● 다양한 경험을 가진 사람들에게 배움을 청하는 것도 좋은 방법이다. 경험은 돈으로 살 수 없는 산지식이다. 그러나 무엇보다 스스로 많은 경험을 쌓도록 해야 한다. 몸소 쌓는 경험이야말로 가장 훌륭한 공부이기 때문이다.

설득력convincing

07

상대를 끌어당기는 힘, 설득력

설득력은 매우 중요하다. 상대를 설득하지 못하면 그 어떤 것으로도 상대를 자신의 생각에 따르게 할 수 없다.

모든 것에는 일정한 원칙이나 룰이 있듯 설득을 하는 데도 설득의 룰이 있다. 세계적인 비즈니스 커뮤니케이션 컨설팅 기업인 부허컨설턴트의 창립자이자 CEO 다이애나 부허Dianna Booher는 상대를 설득하는 일정한 방법에 대해 다음과 같이 말했다.

"설득의 3요소는 첫째, 논리적인 근거를 제시하라. 둘째, 인간의 다양한 형태와 성품, 그리고 선함을 이해하라. 셋째, 감정을 이해하라."

다이애나 부허의 말을 좀 더 구체적으로 살펴보자.

설득의 3요소 중 '논리적인 근거를 제시'하기 위해서는, 요컨대 자기의 주장에 맞는 예를 들어 설명할 수 있어야 한다. 그랬을 때 상대는 내 말에 동의하고 따르게 된다.

두 번째, '인간의 다양한 형태와 성품, 그리고 선함을 이해하라'는 말은 무슨 뜻일까. 사람은 각기 자신만의 개성을 지니고 있으며, 그에 따라 성품 또한 제각각이다. 따라서 A라는 사람을 설득할 때 했던 것처럼 B라는 사람을 설득해서는 안 된다. 그 사람의 성향이 어떤지, 지식의 정도는 어떠한지, 무엇에 관심이 있는지 등 그 사람만의 특성에 맞게 설득을 할 때 효과를 높일 수 있다.

세 번째, '감정을 이해하라'는 말 또한 같은 맥락이라고 할 수 있다. 사람마다 상황에 따라 일어나는 감정의 변화, 즉 '감정선'이 다 다르다. 그런데 같은 방법으로 상대를 설득하려고 한다면 문제가 따르게 된다. 그 사람이 어떤 사람인지를 파악하고, 그 사람에 맞게 설득을 시도한다면 설득의 효과를 높일 수 있다.

이에 대해 하버드대학 교수이자《기업이 원하는 변화의 리더》의 저자인 존 코터Jhon Kotter는 다음과 같이 말했다.

"설득을 잘하는 사람은 포지셔닝이 뛰어나다. 상대에게 통하는 것과 그렇지 않은 것의 차이를 잘 포착한다. 그들은 상대의 마음의 벽을 뚫고 메시지를 보내려고 하지 않는다. 마음의 문을 연다음 메시지를 보낸다."

스티브 잡스처럼 설득하라

애플의 창립자 스티브 잡스Steve Jobs는 설득력의 귀재라 할 만큼 뛰어난 설득력을 지녔다. 설득력이 좋다는 것은 기업가인 그에게 큰 자산과도 같았다. 기업가가 자기 회사 제품을 팔기 위해서는 소비자를 설득시킬 수 있어야 하기 때문이다. 그렇지 않으면 기업을 운영하는 데 있어 막대한 손해가 될 것이다.

애플이 어려움에 처하자 애플의 경영진은 스티브 잡스가 운영하는 넥스트의 인수에 관심을 가졌다. 이 소식을 듣게 된 스티브 잡스는 애플의 경영자인 길 아멜리오Gil Amelio를 찾아갔다. 그리고 그를 설득하기 시작했다.

"애플이 넥스트에 관심을 갖고 있다고 들었습니다. 소프트웨어만 사도 좋지만, 이왕이면 회사 전체를 사고 싶을 것입니다. 우리 회사엔 실력자가 많습니다. 그것만으로도 애플은 큰 힘을 얻게 될 것입니다. 어떻습니까? 우리 회사를 매입하시겠습니까? 선택은 오직 회장님이 하는 거니까요."

그의 말을 듣고 길 아멜리오는 곰곰이 생각했다. 새로운 프로그램을 개발하느라 비용을 들이지 않아도 된다는 이점과, 이미 잘 만들어진 컴퓨터를 잘 보완해서 팔면 된다는 생각이 그의 마음을 움직였다. 결국 애플은 넥스트를 인수했다. 스티브 잡스의 강한 어필이 길 아멜리오의 마음을 움직이는 데 아주 효과적으로 작용했던 것이다.

애플의 CEO가 된 스티브 잡스는 중요한 결정을 내렸다. 애플의 경쟁 상대인 마이크로소프트사와 기술제휴를 하겠다고 발표한 것이다. 이 말을 들은 임직원들은 말도 안 되는 얘기라고 불평했다. 그러자 스티브 잡스는 힘주어 말했다.

"내가 이런 결정을 한 것은 애플을 위해섭니다. 나는 애플을 위해서라면 그 어떤 것도 할 수 있습니다."

그가 이렇게 말한 데는 이유가 있었다. 당시 마이크로소프트사는 애플의 사용자 인터페이스를 이용하길 원했다. 스티브 잡스는 이 제안을 받아들이는 조건으로 마이크로소프트사로부터 막대한 투자를 요구했다. 마이크로소프트사는 그의 요구를 들어주었다. 그리하여 애플과 마이크로소프트사는 경쟁자 관계이면서도 서로의 이익을 취하는 공생 관계를 유지하게 되었던 것이다.

돈이 없던 애플로서는 손해 보는 장사가 아니었다. 투자를 받으면서도 기업이 함께 발전하기 위해서는 손을 잡아야 한다는 좋은 선례를 남기며 일거양득의 효과를 보았다.

스티브 잡스는 애플 직원들에게도 마이크로소프트사에게도 설득력 있게 대처함으로써 자신이 생각하는 대로 실행할 수 있었다.

스티브 잡스가 상대를 설득할 수 있었던 힘은 무엇일까?

첫째, 상대에게 자신과 함께하면 절대 손해를 보지 않고 이익을 얻게 된다는 강한 확신을 심어주었다.

둘째, 논리에 맞게 자신의 생각을 증명해 보이는 재주가 탁월했다.

셋째, 상대가 누구든 간에 한번 마음먹으면 상대가 오케이할 때까지 끈질기게 협상을 벌여나갔다.

넷째, 정확한 데이터와 증거로 상대방을 설득시킴으로써 신뢰하게 만들었다.

설득력이 좋다는 것은 큰 자산과도 같다. 설득력이 좋은 사람은 돈 없이도 자금을 충당할 수 있다. 또한 상대로부터 나도 함께 하자고 말하도록 만든다.

스티브 잡스가 프레젠테이션을 직접 하는 이유도 사람들을 설득하겠다는 자신감 때문이다. 그가 청바지 차림에 검은 티를 입고 프레젠테이션을 하는 모습을 그대로 따라서 하는 사람들도 많이 생겼을 정도로 그는 자연스럽고 매력이 넘치는 설득의 귀재였다.

당신이 대화나 논쟁을 하는 데 있어 당신의 생각을 상대가 따르게 하기 위해서는 스티브 잡스처럼, 그리고 존 코터의 말처럼 실행해보라. 그러면 상대는 당신의 말에 공감하고 당신의 생각대로 따르게 될 것이다.

설득력을 높이기 위해서는

인생사 모든 것이 그렇듯이 무언가를 잘하기 위해서는 그에 대한 전략 혹은 비법을 갖고 있어야 한다. 눈에 보이지 않는 자연의 질서에 의해 삶이 유지되듯이 우리가 살아가는 데 필요한 모든 것들 또한 그에 맞는 질서, 즉 규칙이 있기 마련이다.

현대사회는 자신의 생각을 언제 어디서나 손쉽게 펼쳐 보일 수 있는 사회다. SNS의 위력은 참으로 대단해서 자기 생각을 페이

스북에 올리는 순간 전 세계에서 동시에 그것을 볼 수 있다. 그리고 사람들은 그에 대한 자신의 생각을 댓글로 단다. 이때 자기 생각과 같으면 공감을 표하지만 다르면 가차 없이 비판을 하기도 한다. 그런데 문제는 여기에 있다. 자신의 생각에 공감하면 좋겠지만 그렇지 않을 경우에는 논쟁에 휩싸이게 되는 것이다.

이는 비단 SNS만의 문제는 아니다. 사람은 늘 누군가와 끊임없이 만나고 이야기하고 소통을 한다. 그러는 과정에서 이해관계가 얽히게 되면 문제가 발생한다. 서로의 생각이 다를 수 있기 때문이다. 이럴 때 자기 생각이 옳다는 것을 증명해 보일 수 있는 능력이 있다면 어떨까? 그러면 상대와의 이해관계에 얽히지 않고 자기 생각을 성공적으로 펼쳐 보임으로써 오히려 상대와 좋은 관계를 이어갈 수 있을 것이다.

대화에서도 그렇지만 특히 논쟁에 있어 설득력은 매우 중요하다. 많은 사람들이 지켜보는 가운데 벌이는 논쟁은 더더욱 그럴 것이다. 자신의 생각이 옳다는 것을 증명하지 못하면 설득하는 데 실패하게 되고, 사람들에게 나쁜 이미지를 심어줄 수밖에 없다. 하지만 상대를 설득할 수 있다면 문제는 달라진다. 나의 생각이 옳다는 것을 증명함으로써 논쟁에서 이기는 순간, 사람들은 나를 실력 있는 사람으로 인식하게 될 것이다.

know-how 설득력 기르기

★ 설득력을 높이기 위해서는 논리를 정연하게 펼쳐야 한다. 다시 말해 논리력이 좋아야 한다는 말이다. 논리력을 갖기 위해서는 자신의 생각을 일목요연하게 구성하는 능력을 길러야 하는데, 그러기 위해서는 자기 주장에 맞는 논거를 적절하게 제시할 수 있어야 한다. 이런 논거의 제시가 자신의 논리를 짜임새 있게 만들어줌으로써 논쟁의 상대는 물론 사람들에게 공감을 이끌어내게 된다.

★ 논거 제시 능력을 기르기 위해서는 다양한 분야의 지식을 습득해야 한다. 그러기 위해서는 많은 책을 읽어야 하고, 신문과 뉴스, 잡지 등을 통해 시시각각 정보를 수집해서 자기 지식화해야 한다. 또한 많은 경험을 쌓아야 한다. 해박한 지식과 풍부한 경험은 논거를 제시하는 데 있어 반드시 필요한 논쟁의 필수 요소이다.

★ 상대가 어떤 인품을 지녔는지, 지식의 정도는 어떤지, 감정선은 어떤지를 아는 능력을 길러야 한다. 즉 사람 보는 눈을 길러야 한다는 것이다. 그 사람이 어떤 사람인지를 파악하고 논쟁에 임하면 논쟁을 승리로 이끄는 데 큰 힘이 된다.

★ 논쟁의 품격을 지녀야 한다. 논쟁 역시 상대에 대한 예의를 갖추는 것이 필요하다. 예의 있게 논쟁에 임하면 상대는 거부감을 갖지 않는다. 그

러나 무례하다면 문제는 달라진다. 아무리 나의 주장이 옳다 하더라도 상대방은 억지를 부려서라도 수긍하지 않으려 할 것이다. 감정이 상했기 때문이다. 감정이 상하게 되면 이성을 상실함으로써 그 어떤 주장도 무의미하게 되고 만다. 또한 그것을 지켜보는 사람들에게도 나쁜 이미지를 심어주게 된다. 논쟁의 품격을 갖추기 위해서는 예의 있게 말하고 행동하는 습관을 길러야 한다.

★ 상대의 말을 잘 들어주는 자세를 가져야 한다. 상대의 말을 잘 경청하면 상대 또한 나의 말을 잘 듣게 된다. 경청을 잘하는 사람이 논쟁에서 좋은 결과를 낳는 것은 상대에게 품위 있는 사람으로 인식되어 상대가 무리하게 자신의 주장을 펼치는 것을 조심하게 되기 때문이다.

★ 자신감을 길러야 한다. 자신감은 설득에 있어 큰 무기와도 같다. 자신감의 중요성에 대해 랠프 월도 에머슨은 "나 자신에 대한 자신감을 잃으면, 온 세상이 나의 적이 된다"라고 말했다. 에머슨의 말은 왜 자신감을 가져야 하는지 그 중요성을 함축적으로 보여준다. 자신감을 길러라. 자신감은 설득력을 높이는 데 큰 힘이 된다.

누가 더 상대를 잘 설득하느냐에 따라 논쟁의 승패는 결정된다. 논쟁의 승패를 결정짓는 가장 큰 힘은 설득력이다. 위의 6가지 노하우는 설득력을 기르는 데 큰 힘이 되어줄 것이다. 이것이 몸에 배도록 꾸준히 노력해야 한다. 노력하지 않으면 그 어느 것도 제대로 할 수 없다. 설득력 기르기 또한 예외가 아님을 기억하라.

화법의 요소 '설득력'의 키포인트

● 대화와 논쟁에 있어 설득력은 매우 중요하다. 특히 논쟁에서는 설득력을 반드시 갖춰야 한다. 자신의 주장을 상대방이 받아들이게 하기 위해서는 정확한 논거를 바탕으로 해야 한다. 정확한 논거로 논리를 펼치기 위해서는 풍부한 지식을 길러야 한다.

● 자신감을 길러라. 자신감은 설득의 무기다. 내가 자신감이 넘치면 상대는 주눅이 들게 된다. 그리고 상대방에 대한 예의를 잃어서는 안 된다. 논쟁의 품격을 갖췄을 때 논쟁에서 우위를 점하게 된다.

● 논쟁 상대가 어떤 사람인지를 빨리 파악할 수 있으면 논쟁을 유리하게 이끌어나가는 데 큰 도움이 된다. 적을 알고 싸우면 그만큼 이길 확률을 높일 수 있기 때문이다.

08

논리가 따르지 않는 주장은 뿌리 없는 나무

대화나 논쟁에 있어 자신의 생각을 잘 전달하기 위해서는 논리성이 있어야 한다. 같은 문제에 대해서 논리적으로 말하느냐 두서없이 말하느냐에 따라 결과에 미치는 영향은 매우 크다.

특히 뛰어난 논객이 되기 위해서는 자신만의 사상과 철학을 가져야 하고, 어떤 논제에도 막힘없이 논리를 펼칠 수 있는 논리력과 다양한 지식을 갖춰야 한다. 또한 논쟁에서 밀리지 않는 '말발'도 있어야 한다.

대화나 논쟁에서 상대를 이기려면 상대의 주장을 뒤집을 수도 있어야 한다. 상대의 주장을 뒤집는 좋은 방법은 상대의 논거를 무력화시키는 것이다. 즉 상대가 제시한 논거를 무익하게 만들어야 한다.

상대의 논거를 무익하게 만든다는 것은 차분하게 그리고 정확한 팩트로 반론을 제기하며 논리적으로 압박을 가하는 것이다. 여기에 자신의 감정을 개입시켜서는 안 된다. 이성적으로 차근차근 조목조목 사실에 입각해 논리적으로 자신의 주장을 펼쳐야 한다.

이에 대해 경영 컨설턴트이자 인간관계 전문가인 레스 기블린은 이렇게 말했다.

"예일대학의 심리학자인 칼 호브랜드, 어빙 재니스, 헤로드 켈리는 자신의 의견을 전달하는 가장 좋은 방법은 압박감을 배제하고 차분하고 냉정하게 사실만을 전달하는 것이라고 말했다."

이는 학생들의 논쟁이나 정치적인 논쟁에 이를 적용시킨 실험에서, 감정을 배제하고 차분하게 사실만 전달했을 때 더 쉽게 상대가 자기 의견을 바꾼다는 실험결과에 따른 것이다.

실험에서도 알 수 있듯, 감정이 개입되면 내 주장이 옳더라도 상대는 잘 받아들이지 않을뿐더러 갖가지 이유를 들어 반박에 나선다. 그러나 감정을 개입하지 않고 사실에 입각해 논리적으로 주장을 펼치면 반박할 여지를 주지 않게 된다. 그런 상태에서 반박을 펼치는 것이 얼마나 무모한지를 상대도 잘 알기 때문이다.

여기에 논리의 중요성이 있는 것이다. 논리가 따르지 않는 주장은 뿌리 없는 나무와 같아 주장으로서의 가치를 상실하게 된다.

논리력을 높이는 방법

생각이나 추론 등을 이치에 맞게 하고, 그것을 말이나 글에 잘 표현해내는 능력을 논리력이라고 한다. 다시 말해 어떤 논제에 대해 그것을 논리적으로 펼치는 표현능력을 말한다.

대화나 논쟁에 있어 논리적이지 못하면 그 사람이 하는 말과 주장이 아무리 옳다고 해도 사람들에게 확신을 주지 못한다. 사람들은 그것이 오직 그 사람만의 생각일 뿐이라고 여기기 때문이다. 사람들이 공감할 수 있도록 확신을 심어주는 것은 논리적일 때에만 가능하다. 즉 논리적으로 설득이 이루어져야 한다는 말이다. 이에 대해 뉘아주 블랑-상토르 이뎁의 부사장 리오넬 벨랑제가 한 말을 보자.

"설득은 여러 사실을 이용하고 추론에 의거해 명료하고 적당한 체계 내에서 아이디어를 전개한 다음, 한 개 혹은 여러 개의 결론에 이르는 것이다. 만일 당신이 몇 분 안에 설득을 해야 한다면 기본적인 논리의 원칙을 따르기만 하면 된다."

이를 좀 더 구체적으로 말한다면, 자기 주장에 대한 논거를 제시하고 그것의 타당성에 대해 이치에 맞게 설명을 하라는 말이다. 논리적인 증명, 즉 논증이 분명하다면 누구나 인정할 수밖에 없다.

know-how 논리력 기르기

★ 어떤 문제에 대해 자신의 주장을 펼칠 때 그것을 뒷받침할 수 있는 논거를 많이 확보할 수 있도록 해야 한다. 그러기 위해서는 다양한 책을 읽

고, 많은 정보를 뇌에 저장해두어야 한다.

★ 어떤 경우에도 감정을 드러내지 않도록 해야 한다. 감정은 자칫 문제를 일으킴으로써 자신의 주장을 무력화시킬 수 있기 때문이다. 이성적으로 자신을 살필 수 있도록 마음을 강화시켜야 한다. 이성은 이치에 맞게 논리적으로 자신의 주장을 펼치게 함으로써 대화나 논쟁을 유리하게 만든다.

★ 서론, 본론, 결론에 이르는 3단 논법을 분명하게 적용시킬 수 있도록 연습하라. 어떤 문제에 대해 자신의 생각이 옳다는 것을 증명해 보이기 위해서는 논리의 체계를 벗어나서는 안 된다. 어떻게 보면 지극히 전형적인 틀이라고 할 수 있지만 논리적인 증명은 서론, 본론, 결론이라는 이 논리 체계 안에서 실행되어야만 한다. 그렇게 했을 때 내 주장이 확신을 심어주게 되고 공감을 획득하게 되는 것이다.

　이기는 대화나 논쟁은 반드시 논리의 중심을 벗어나서는 안 된다. 논거에 의해 논리적으로 증명될 때에만 논리성을 확보하게 되는 것이다. 따라서 논리력을 기르기 위해서는 앞에 제시한 3가지를 꾸준히 연습하여 습관화시키도록 하자. 그것이 대화와 논쟁에서 좋은 결과에 이르게 하는 최상의 비법이다.

화법의 요소 '논리력'의 키포인트

● 생각이나 추론 등을 이치에 맞게 하고, 그것을 말이나 글에 잘 표현해 내는 능력을 논리력이라고 한다. 논리력을 기르기 위해서는 논거, 냉철한 이성, 서론·본론·결론에 이르는 3단 논법을 분명하게 적용시킬 수 있도록 연습하라.

● 자신의 논리를 입증하기 위해서는 정확한 논거를 제시해야 한다. 논거가 분명하면 상대는 내 생각을 따르지 않을 수 없다. 논거는 정확한 데이터나 팩트가 될 때 논거로서의 생명력을 지니게 된다.

● 논리를 펼칠 때 감정을 드러내서는 안 된다. 그것은 자신의 논리가 비논리적임을 드러내는 것과 같다. 논리를 제시할 때는 이성적이고 냉철해야 한다. 그래야 상대를 논리적으로 압도할 수 있다.

자신감confidence

자신감은 상대에게 확신을 준다

대화나 논쟁을 할 때 자신감을 갖는 것은 아주 중요하다. 자신감은 대화와 논쟁의 상대는 물론 그것을 지켜보는 사람들에게 나의 주장이 옳다는 것을 강하게 인식시키는 수단으로 매우 효율성이 크다. 자신감은 확신을 갖게 하기 때문이다.

사람들은 대개 자신의 생각이나 신념에 대해 자신감이 넘치는 사람을 좋아하고 신뢰한다. 물론 지나친 자신감은 교만해 보일 수 있으므로 삼가야 하겠지만, 그것이 아니라면 자신감 있는 태도는 긍정적으로 작용한다.

"자신감 넘치는 태도야말로 더 매력적이고 활기 넘치는 사람이 되는 비결이다. 자기가 무엇을 얘기하고 있는지, 자기가 무엇을 바라고 있는지도 잘 모르는 사람, 이래도 그만 저래도 그만인 사람은 아무도 좋아하지 않는다. 인생에서 무언가 얻게 될 것처럼 행동하는 사람에게 끌리는 법이다."

이는 경영 컨설턴트이자 인간관계 전문가 레스 기블린이 한 말로, 자신감의 필요성과 역동성에 대해 잘 보여준다.

그렇다. 자신감은 삶을 살아가는 데 있어 반드시 필요한 마인드이다. 자신감을 갖는 것과 그렇지 않은 것은 큰 차이가 있다.

복싱 선수를 예로 들어보자.

두 선수가 마주했을 때 신경전은 참으로 대단하다. 두 선수는 서로의 눈을 노려보며 기선제압에 안간힘을 쓴다. 기선제압에서 이기면 실제 경기로 그 기운이 그대로 옮겨진다고 한다. 선수에게 자신감은 기선제압을 위해 꼭 필요한 부분이다.

자신감은 스포츠뿐만 아니라 살아가면서 사람을 만나는 일에서도 반드시 필요한 긍정의 마인드다.

나는 할 수 있다는 생각을 가져라

사람을 처음 만났을 때 자신감은 그 사람의 이미지를 긍정적으로 각인시킨다. 자신감이 넘치는 사람을 좋아하고 관심을 갖게 되는 것은 그에게 긍정의 에너지가 넘치기 때문이다. 그와 함께 교류하면 자신에게도 긍정의 에너지가 작용하리라 믿게 된다.

"희망으로 가득 찬 사람과 교류하라. 창조적이고 낙관적인 사람과 소통하라. 긍정적이고 능동적으로 행동하라. 그리고 그런 사람을 자신의 주변에 배치하라."

이는 탁월한 자기계발 동기부여가이자 베스트셀러《적극적인 사고방식》의 저자인 노먼 빈센트 필Norman Vincent Peale 박사가 한 말로, 희망적이고 낙관적인 자신감 넘치는 태도의 중요성에 대해 잘 알게 한다.

긍정적인 태도, 마인드는 자신감에서 오고, 자신감은 긍정적인 마인드로 인해 더욱 강화된다. 이에 대해 미국의 작가 매들린 렝글Madeleine L'Engle은 이렇게 말했다.

"긍정적인 태도는 강력한 힘을 갖는다. 그 어느 것도 그것을 막을 수 없다."

이 말은 곧 자신감을 의미하는 것으로, 자신감이 넘치면 강한 자기 확신을 갖게 되기 때문에 그 어떤 일도 능히 해낼 수 있다고 스스로를 믿게 되는 것이다.

대화에 능하고 논쟁을 잘하는 사람들을 보면 하나같이 긍정의 에너지가 넘치고 자신감으로 충만해 있다. 그래서 그들은 누구를 만나더라도 두려워하지 않고 자신의 의지대로 자신의 생각을 펼쳐 보인다.

know-how 자신감 기르기

★ '나는 할 수 있다'는 생각을 스스로에게 끊임없이 심어주어야 한다. 자기최면법은 매우 효과적이어서 거울을 보고 꾸준히 하다 보면 자신감을

강화시키는 데 큰 도움이 된다.

★ 매사를 긍정적으로 생각하라. 긍정적인 생각은 자기 확신을 심어주고, 자기 확신이 강화되면 자신감으로 충만해진다.

★ 자신감을 기르는 데 도움이 되는 책을 꾸준히 탐독하라. 책을 읽다 보면 책 속에서 긍정의 기운을 받게 된다. 긍정의 기운은 곧 자신감으로 이어진다.

★ 긍정의 에너지를 가진 사람들과 교류를 통해 그들의 살아가는 방법을 배우는 것도 매우 효과적이다. 이는 실체적인 것으로, 그 무엇보다도 자신감을 기르는 데 도움이 된다.

★ 매사를 낙관하고 창의적으로 생각하라. 그러면 힘든 일도 능히 해내게 되고, 창의적인 마인드를 갖게 된다. 낙관과 창의력은 긍정적일 때 더욱 강화되며, 그로 인해 자신감은 배가된다.

반드시 마음에 새길 것은 자신감은 돈으로도 살 수 없고, 힘을 빌려서도 취할 수 없다는 것이다. 반드시 스스로 길러야 한다. 그렇게 할 때 당신은 확신으로 가득 찬 자신감을 갖게 되어 사람들과 소통하고 논쟁을 하는 데도 당당하게 임할 수 있다.

화법의 요소 '자신감'의 키포인트

● 대화와 논쟁을 잘하기 위해서는 자신감이 있어야 한다. 자신감은 내가 잘할 수 있다는 강한 확신을 갖게 하기 때문이다. 자신감은 곧 스스로에 대한 믿음이다.

● 자신감은 상대에게 나의 이미지를 긍정적으로 각인시킨다. 자신감이 넘치는 사람을 좋아하고 관심을 갖게 되는 것은 긍정의 에너지 때문이다. 자신감은 절대 긍정에서 갖게 되는 마인드다.

● 자신감을 기르기 위해서는 긍정적인 사람들과 교류하는 것이 좋다. 긍정적인 사람들은 매사에 적극적이고 자신감이 넘친다. 그들과 함께하다 보면 자신 또한 긍정의 에너지가 넘치게 된다.

예의는 삶의 덕목이다

예의는 살아가는 데 반드시 갖춰야 하는 덕목이다. 예의는 인간관계를 부드럽고 따뜻하게 해주는 삶의 윤활유다. 그래서 예의를 지키며 사는 사람이 많은 사회일수록 활기가 넘치고 삶이 즐거운 것이다.

예의는 윤리적인 삶의 규범으로서, 도덕적인 사람은 양심을 갖고 규칙을 잘 지킨다. 도덕적인 사람에게 법이란 어쩌면 무의미할 수도 있다. 법으로 규칙을 정하지 않아도 마음의 법인 양심이 바르게 형성되어 있기 때문이다. 양심은 예의에서 오는 것으로, 예의가 지닌 가치성이 얼마나 중요한 것인지를 잘 알 수 있다.

예의가 바른 사람은 인사성이 밝고 겸허하게 말하며 행동한다. 그래서 예의가 바른 사람은 어디를 가든, 누구를 만나든 좋은 이미지를 심어주고, 오래도록 기억에 남게 한다. 사람들은 예의가 반듯한 사람과 소통하기를 바란다.

대화를 하거나 논쟁을 할 때 겸허하게 말을 하면 상대방 또한 예의 있고 진지하게 받아들인다. 겸허한 말에 의한 설득은 대화와 논쟁에서 아주 바람직한 자세이다.

이에 대해 미국 건국의 아버지 중 한 사람으로, 정치가이자 발명가인 벤저민 프랭클린은 다음과 같이 말했다.

"다른 사람을 설득하는 방법은 당신의 입장을 아주 겸손하면서도 정확하게 말하는 것이다. 겸손하게 말을 꺼내면 일단은 당신의 말을 들어주고 오히려 자기 의견을 의심하는 당신을 설득하려 할지도 모른다. 하지만 너무 확고하고 단정적으로 말하면 상대는 거부감을 갖고 적으로 돌아선다."

프랭클린의 말은 한마디로 얘기해 대화나 논쟁을 할 때 예의를 갖춰서 하라는 것이다.

사람은 누구나 예를 갖춰서 말하는 이에 대해 거부감을 보이지 않는다. 하지만 너무 확고하게 단정적으로 말하면 예의가 없는 사람으로 생각하게 되고, 그와 더 이상의 대화나 논쟁은 의미가 없다고 생각하게 된다.

"우리는 자기 의견을 거부당하면 목청 높여 그것을 강요하게 된다. 하지만 차분하고 조용한 목소리로 말하면 고압적인 강요보다 훨씬 더 사람의 마음을 움직일 수 있다."

이는 레스 기블린이 한 말로, 예의의 중요성을 잘 알게 한다.

예의를 갖춰 말하고 행동하는 것은 상대와의 관계를 좋게 하기 위한 것이지만, 본인 스스로를 위한 것이기도 하다.

상대의 마음을 여는 바른 태도

천성적으로 온유하고 겸허한 사람이 있다. 이는 타고난 성격에 기인하는 것으로 사람들과의 관계에서 큰 장점으로 작용한다. 하지만 대개는 교육에 의해 예절을 몸에 익히게 된다. 그런데 예절 교육을 받았음에도 사람들 중엔 이를 까맣게 잊고 예의를 망각한 채 말하고 행동하여 소통의 어려움을 겪는 이들이 있다.

그렇다면 사람들과 좋은 관계를 유지하기 위해서는 어떻게 하는 것이 바람직할까?

우선, 너그럽고 부드럽게 말하고 행동해야 할 것이다. 이런 사람을 거부하고 멀리할 사람은 어디에도 없기 때문이다.

"사람들을 대함에 있어 너무 지나치게 엄격한 행동을 하지 말고, 좀 더 너그럽고 부드러운 말씨로 관대하게 하는 것이 복을 받는 일이니, 남을 이롭게 하는 것은 자기를 이롭게 하는 근본이 되는 것이다."

이는 《채근담》에 나오는 말로, 사람들과의 관계를 잘하기 위해서 말과 행동을 어떻게 해야 하는지를 잘 알게 한다.

또한 덕을 갖춰 겸허하게 말하고 행동해야 한다. 이에 대해 노자는 다음과 같이 말했다.

"덕망이 있는 사람은 사람을 대할 줄 안다. 높게 처하려면 말에 있어서 사람들에게 겸손해야 한다. 사람들을 인도하려면 사람들의 앞에서가 아니라 뒤에서 해야 한다. 그러므로 덕망이 있는 사람이 사람을 대할 줄 안다. 훨씬 앞서 있어도 그 사람들은 그리 거북하게 생각되지 않는다. 따라서 덕망이 있는 사람은 누구와도 다투지 아니하므로 이 세상의 아무도 그와 다투지 않는다."

덕을 갖춰 사람을 대하는 것이 인간관계에서 얼마나 중요한지를 잘 알게 하는 말이다.

어진 마음으로 남의 처지를 살펴 말하고 행동해야 한다. 《논어》에서는 이렇게 말한다.

"사람이 어질다는 것은 모든 사람을 사랑하는 마음이 있음을 말한다. 사람이 안다는 것은 그 사람됨이 바른 사람인가 바르지 못한 사람인가, 또는 지혜가 있는지 없는지를 분별할 줄 아는 것이다. 다시 말해 사람이 안다는 것은 마치 재목을 쌓을 때 곧은 나무를 굽은 나무 위에 쌓아서 그 굽은 나무를 반듯하게 바로잡는 것과 같은 지혜가 있는 것을 말한다."

마음이 어질면 사람을 대할 때 사랑하는 마음으로 대하게 된다. 어진 마음은 거짓이 없는 온유한 사랑과 따뜻한 품성의 마음이기 때문이다.

또 하나, 혼자만 잘난 척하는 것은 사람들과의 관계를 단절시키며, 남의 결점을 파헤쳐 공격하는 것은 절대 해서는 안 될 일이다. 프랑스의 작가이자 모럴리스트인 라 로슈푸코La Rochefoucauld는 이렇게 말했다.

"나 혼자 잘나기를 바라는 것은 가장 어리석은 일이다. 대부분의 사람은 자기가 남보다 잘나기를 원하고 있기 때문이다. 그렇기 때문에 차라리 한 걸음 물러서는 것이 현명하다. 자기 혼자 잘나기를 원하는 사람은 남을 밀치고 남의 결점을 꼬집으려고 한다. 남의 인격을 존중할 줄 모르고 남의 결점만 꼬집으려고 하는 사람은 좋은 점을 발견하지 못한다. 따라서 그 자신의 발전을 꾀하지 못한다."

인간관계를 원활하게 하고 대화나 논쟁에서 상대가 자신의 생각을 따르게 하기 위해서는 우쭐대거나 교만하게 굴어서는 안 된다. 그것은 스스로 사람들과의 관계를 끊는 일이며, 대화나 논쟁에서 오히려 상대를 유리하게 하는 일이다.

know-how 예의 갖추기

★ 자신이 먼저 인사를 하는 습관을 들여라. 인사성이 밝은 사람을 싫어할 사람은 없다. 인사는 처음 본 사람도 마음을 열게 하는 마인드 키다.

★ 먼저 자신이 양보하라. 이런 사람에게 관심을 보이고 가까이하고 싶어하는 것은 당연한 일이다. 양보는 삶의 미덕이다.

★ 손윗사람에게는 깍듯이 예의를 갖춰 말하고 행동해야 하며, 손아랫사람이라도 지나친 하대는 금물이다. 자신이 하는 대로 받는 게 삶의 법칙이다.

★ 자리나 분위기에 벗어나는 행동은 절대 삼가라. 그것은 사람들에게

불쾌감을 주고 예의가 없는 사람임을 스스로 자인하는 것과 같은 일이다. 자리와 분위기와 맞게 행동하라.

★ 해서 될 말과 해서는 안 될 말을 가려서 하라. 이를 분간하지 못하면 철없는 사람으로 낙인찍힌다. 이를 각별히 유념하라.

★ 겸허하게 말하고 행동하라. 겸허한 사람은 예의 바른 사람으로 여겨져 누구에게나 좋은 인상을 심어준다. 겸허한 말과 행동은 낮아짐으로써 스스로를 높이는 처세이다.

★ 전화 예절 및 식사 예절을 갖춰라. 이 또한 반드시 갖추고 실천해야 하는 삶의 규칙이다. 예절을 지켜 빰 맞는 법은 어디에도 없다.

★ 문을 열고 들어갈 땐 자신이 먼저 문을 열되, 손윗사람이 먼저 들어가고 나서 들어가라. 사소한 예절 같아도 상대는 그런 사람에게 좋은 인상을 받게 된다. 그리고 그를 좋은 사람이라고 믿는다.

★ 남이 말을 할 때는 말을 자르지 말고, 그가 말을 마칠 때까지 잘 들어주어야 한다. 경청은 상대를 감동하게 만드는 무언의 대화법이다.

★ 흐트러진 모습은 절대 삼가라. 그것은 자신을 가벼운 사람으로 여기게 하는 부정적인 행동이다. 경거망동 또한 부정적인 인상을 심어주므로 절대 삼가야 한다.

말하기 능력 레벨업! 화법의 주요 구성요소

예의는 삶을 살아가는 데 있어 반드시 필요한 것이다. 예의를 지켜 행하면 인간관계를 무리 없이 해나감은 물론 사람들과 좋은 관계를 유지함으로써 삶을 유익하고 행복하게 살아가는 데 큰 도움이 된다. 또한 대화나 논쟁을 할 때 상대에게 거부감을 주지 않고, 상대로 하여금 나의 생각을 따르게 하는 데 매우 효과적인 화법의 요소이다.

화법의 요소 '예의'의 키포인트

● 예의는 인간관계를 부드럽고 따뜻하게 해주는 삶의 윤활유다. 또한 예의를 갖춰 말하고 행동하는 것은 상대와의 관계를 좋게 하기 위한 것이지만, 본인 스스로를 위한 것이기도 하다. 예의를 습관화하라.

● 자리나 분위기에 벗어나는 행동은 삼가라. 해서 될 말과 해서는 안 될 말을 가려서 하라. 이를 분간하지 못하면 철없는 사람으로 낙인찍힌다.

● 자신이 먼저 인사하고 양보하는 습관을 들여라. 인사성이 밝고 양보 잘하는 사람을 싫어할 사람은 없다. 인사와 양보는 삶의 미덕이다.

CHAPTER 3

대화의
자신감을 높여주는
7가지
대표적인 화법

절제화법

절제된 화법은 고수의 말하기다

'절제'의 사전적 의미는 '정도를 넘지 않도록 알맞게 조절하거나 제어하다'이다. 그러니까 일이든, 말이든, 운동이든, 그 무엇을 함에 있어 지나치지 않게 스스로를 조절하는 마인드를 말한다.

우리 주변에서 흔히 볼 수 있는 말로 인한 불화나 음주로 인한 사고 등의 불상사는 대개 절제하지 못함으로써 발생한다. '절제의 미덕'이라는 말이 있듯 절제는 삶을 살아가는 데 있어 반드시 취해야 할 마인드이자 처세술이라고 할 수 있다.

절제를 말의 관점에서 살펴보기로 하자. 함축되고 절제된 화법은 단순 명쾌하여 대화에 있어서나 논쟁에 있어 흐름을 빠르게 이끌고 대화 상대와 청중의 귀를 집중시키는 힘이 있다. 마치 동양화에서 볼 수 있는 단순한 구도와 여백의 미가 깊이 있는 감상거리를 제공하듯 절제된 화법은 불필요한 말을 간결화시킴으로써 대화와 논쟁의 상대나 청중이 말의 의미를 쉽게 받아들이고 확대하게 만든다. 즉 많은 말을 하지 않음으로써 많은 생각을 하게 만든다는 것이다. 사실 이것은 대화의 고수들이나 할 수 있는 화술話術이다.

절제화법이 갖춰야 할 핵심 포인트를 보자.

절제화법은 한마디로 말을 경제적으로 하는 화법이다. 말하고자 하는 핵심을 정확히 포착하여 말하면 대화와 논쟁의 상대는 물론 청중들의 시선을 사로잡는 데 매우 효과적이다.

"국민의 국민에 의한 국민을 위한 정부(The government of the people by the people for the people)."

미국 역사상 가장 위대한 대통령으로 평가받는 에이브러햄 링컨Abraham Lincoln이 남북전쟁 전사 장병을 추모하는 펜실베이니아주 게티즈버그 연설에서 한 연설문의 일부다. 이 말은 '민주주의의 정의'를 간결하고 함축적으로 보여준다. 링컨의 이 말은 세계사에서 가장 유명한 연설문으로 평가받는데 그 이유는 무엇일까?

사람에 따라서는 민주주의의 정의에 대해 수십 쪽 또는 수백 쪽으로 정의할 수도 있을 것이다. 민주주의가 갖고 있는 개념만 보더라도 충분히 그럴 수 있겠다는 생각이 든다. 민주주의를 단순하게 표현하기란 쉽지 않다. 그런데 민주주의의 정의에 대해 이토록 간결하게 함축적으로 표현했다는 것은 실로 놀라울 따름이다. 이 열다섯 자의 말엔 민주주의의 본질이 그대로 드러나 있다. 그래서 누구나 쉽게 공감하는 것이다.

"자유가 아니면 죽음을 달라(Give me liberty or give me death)."

이는 버지니아 식민지의회의 의원이었던 패트릭 헨리Patrick Henry가 한 말로 유명하다. 영국과의 전쟁이 불가피해지자 패트릭 헨리는 1755년 리치먼드의 세인트존교회에서 열린 제2차 버지니아협의회에서 영국군과 맞서 싸우자는 주장을 펼치며, 그러기 위해서는 버지니아 민병대를 창설하자고 말했는데 바로 이때 "다른 노선이 취해질지도 모르지만 나에게는 자유가 아니면 죽음을 달라"라고 설파했던 것이다. 그의 주장에 따라 버지니아군 민병대가 창설되었고, 그는 버지니아군 사령관으로 임명되었다.

링컨의 말과 패트릭 헨리의 말에서 보듯, 말의 간결성은 사람들에게 쉽고 빠르게 의사가 전달되도록 만든다. 그리고 그 말에 쉽게 공감하게 한다. 군더더기가 없는 글이 눈에 잘 들어오듯 말 또한 군더더기 없는 말이 사람들의 심금을 울리는 것이다.

자로 잰 듯한 논리성

함축되고 절제된 화법은 반드시 논리성을 지녀야 한다. 링컨과 패트릭 헨리의 말이 논리적이지 않았다면 사람들은 그 말에 담긴 의미를 백분 이해할 수 없었을 것이다. 논리가 함께 따르지 않으면 그것의 본질에 대해 깊이 있게 말할 수 없다. 절제화법은 논리적이어야 한다. 논리성을 갖추어야 설득력을 높일 수 있기 때문이다.

상대나 청중을 설득하는 데 있어 정확한 논거에 의한 정연한 논리는 필수적이다. 이에 대해 뉘아주 블랑-상토르 이뎁의 부사장인 리오넬 벨랑제는 이렇게 말했다.

"합당한 근거를 가지고 설득하라."

이는 '근거', 즉 '논거'의 중요성을 잘 알게 한다. 근거와 논거는 논리성을 뒷받침함으로써 설득력을 높이게 되고, 대화와 논쟁의 상대를 자신의 말에 공감하게 할 수 있는 것이다.

감정에 치우치지 않는 냉철성

냉철하다는 것은 감정에 치우치지 않는 것이다. 대화나 논쟁에서 감정에 치우치다 보면 아무리 논거가 합리적인 논리를 지닌다고 할지라도 대화나 논쟁에서 패하게 될 확률이 높다. 감정에 치우치다 보면 대화와 논쟁의 본질을 잊게 되는 우를 범하기 쉽기 때문이다.

감정적인 대립으로 인해 냉정성을 잃게 되면 사리에 맞는 분별력이 훼손당하게 된다. 이는 특히 논쟁에 임하는 논객에게는 치명적인 일이 아닐 수 없다. 감정적인 자세가 미치는 부정적인 영향에 대해《채근담》은 이렇게 말한다.

"사람이 흥분하면 보아도 잘못 보는 법이다. 그러므로 분할 때라도 마음을 한층 가라앉혀야 한다. 또, 사람이 흥분하면 들어도 들리지 않는 법이다. 그러므로 불쾌한 소리를 들었을 때일수록 한 귀로는 흘려버려야 한다."

그렇다. 감정에 치우치다 보면 흥분하게 되고, 마치 큰 소리로 싸울 듯이 상대를 대하게 된다. 이는 자신을 불리하게 만든다. 대화나 논쟁의 상대 또한 거칠게 나오게 될 것이다.

큰 소리로 딱딱하게 말하기보다는 자신의 생각을 차분하면서도 정확하고 절도 있는 목소리로 말하는 것이 좋다. 이것이 목소리를 높여 화를 내듯 말하는 것보다 훨씬 더 전달력이 크다. 이에 대해 경영 컨설턴트이자 인간관계 전문가인 레스 기블린은 이렇게 말했다.

"우리는 자기 의견이 거부당하면 목청을 높여 그것을 강요하게 된다. 하지만 차분하고 조용한 목소리로 말하면 고압적인 강요보다 훨씬 더 사람의 마음을 움직일 수 있다."

그렇다. 사람들은 흔히 목소리 큰 사람이 이긴다는 말을 하곤 하는데 이는 잘못된 얘기다. 목소리 큰 사람은 다분히 감정적이어서 자신의 주장을 제대로 전달하지 못한다. 자신의 뜻대로 되지 않으면 목소리만 높일 뿐이다. 그러면 상대방은 그를 상대할 가치가 없는 사람이라고 생각하게 되어 그 사람과의 대화나 논쟁을 피하게 된다. 그래서 목소리 큰 사람이 이기는 것처럼 보일 뿐이지 실상은 그렇지 않은 것이다.

당신이 대화나 논쟁에서 상대를 이기기 위해서는 절대로 감정적으로 대하거나 큰 소리로 거칠게 말해서는 안 된다. 차분하고 조용한 목소리로 간결하고 논리적이고 냉철하게 말해야 한다. 이것이 절제화법이 취해야 할 핵심 포인트이다.

말의 함축성과 간결성 기르기

🧏‍♂️   같은 말도 어떻게 하느냐에 따라 사람들에게 전달되는 공감력이 다르다. 있는 말 없는 말 다 동원하여 말을 장황하게 늘어놓는다고 해서 공감력이 큰 것은 절대 아니다. 오히려 말의 핵심을 파악하는 데 방해가 될 뿐이다. 길게 늘어놓는 말은 득보다는 실이 더 크다.

하지만 짧고 간결한 말은 사람들에게 손쉽게 전달된다. 말을 함축해서 하다 보면 설명이 부족하게 되어 공감력을 떨어뜨리기도 하지만, 그것은 어휘와 표현에 따른 문제에서 오는 현상이다. 말을 짧게 함축해서 하더라도 전달하고자 하는 내용에 맞는 어휘로 표현하면 도리어 공감력이 크게 작용함으로써 자신의 주장을 성공적으로 관철시킬 수 있다.

이는 글에 있어서도 마찬가지다. 광고의 카피문구가 지나치게 길면 사람의 뇌리에 각인되지 않는다. 짧고 강렬한 어휘나 단어로 핵심을 정확하게 표현해야 뇌리에 쉽고 깊게 각인된다.

말이나 글은 결국 같다. 말은 글을 대신하는 것이며, 글은 말하기를 대신하는 것이기 때문이다. 짧게 함축되고 절제된 말과 글이 효과적이다.

이에 대해 리오넬 벨랑제는 이렇게 말했다.

"어떤 단어는 상상력에 강한 영향력과 자극을 주거나 청중의 감수성에 영향을 미칠 수 있다. 그 단어에는 아주 정확한 의미가 있고, 상대의 활력과 지지를 이끌어내는 힘이 있다. 또 발언 상황에 따라 더 강력한 힘을 발휘한다.”

리오넬 벨랑제의 말은 어휘나 단어가 말하기에 미치는 영향력이 얼마나 크게 작용하는지를 잘 알게 한다. 다시 말해 자신의 생각을 함축되게 표현할 수 있는 단어와 어휘를 적확하게 선택할 수 있어야 한다는 말이다.

하지만 함축되고 절제된 화법을 구사한다는 것은 절대로 쉽지 않다. 상황에 맞는 단어와 어휘를 선택해야 하고, 그것을 자신의 생각에 맞게 표현해야 한다. 천성적으로 언어감각이 뛰어나면 좋겠지만, 이는 어디까지나 바람에 불과하다.

그렇다면 어떻게 해야 할까? 그것은 연습을 통해 길러야 한다. 사람이 해서 안 되는 일은 없다. 다만 최선을 다하지 않아서 못할 뿐이다.

know-how 함축성과 간결성을 기르는 방법

★ 책을 읽을 때마다 특징 있는 단어나 어휘에 밑줄을 긋고 몇 번이고 반복해서 읽어라. 그리고 그 단어나 어휘를 사용해 짧은 문장을 지어보라. 이를 꾸준히 반복하면 큰 효과를 볼 수 있다.

★ 신문 헤드라인이나 인상 깊은 광고를 즐겨 보면서 특징 있는 단어나 어휘를 통해 함축적인 표현을 배워라. 이는 단어와 어휘력을 기르는 데 큰 도

움이 된다.

★ 뉴스를 시청하면서 아나운서가 하는 말 가운데 인상 깊은 단어나 어휘를 메모하라. 그리고 말 잘하는 강사들의 스피치를 유심히 살펴보라. 단어와 어휘력을 기르는 데 큰 도움이 될 것이다.

말하기는 천성적으로 타고나야 하지만 배우고 꾸준히 연습하면 잘하게 된다. 위의 3가지 방법을 꾸준히 반복하면서 자신은 무엇이 문제인가를 생각해보라. 그리고 문제가 되는 것을 가려내어 반복 또 반복해서 연습한다면 자연스럽게 함축되고 절제된 화법을 구사하게 될 것이다.

자로 잰 듯한 논리성 기르기

논쟁에서 논리는 논거를 바탕으로 하여 자신의 주장에 대한 정당성을 입증하는 중요한 요소이다. 아무리 논거가 뚜렷하고 분명하더라도 이를 이치에 맞게 설명하지 못하면 논쟁에서 패하고 만다.

그러나 이와는 반대로 논거가 조금 부족해도 논리성이 뛰어나면 논쟁에서 이길 수 있는 확률이 높다. 논리는 이렇듯 자신의 생각을 뒷받침해 주는 논거를 바탕으로 하여 사리에 맞게 설명하는 과정이자 흐름을 말한다. 논리의 중요성은 바로 여기에 있는 것이다.

가령 논에 물을 대는 수로가 있다고 하자. 물이 수로를 따라 흐르면서 논둑으로 난 물구멍을 통해 논으로 물이 유입되어야 벼가 잘 자란다. 그런데 물구멍이 막히거나 수로의 방향이 엉뚱한 곳으로 바뀌면 어떻게 될까? 당연히 논에 물이 공급되지 않아 오래 두면 벼는 말라 죽게 될 것이다.

논쟁에 있어 논리 또한 이와 같다. 논리가 불분명하거나 정연하지 못하면 논점이 흐려진다. 논점이 분명치 않으면 논쟁에서 패하게 된다. 전달력이 약해 공감력 또한 떨어지기 때문이다.

그러나 논리성이 좋으면 자신의 생각을 상대방의 가슴에 스며들게 할 수 있다. 논리성이 좋으려면 상대방이 자신의 생각에 공감할 수 있도록 설득력을 높여야 한다. 설득당하는 사람은 자신의 의지와 상관없이 무의식적으로 공감하게 되고 받아들이게 된다. 이는 화분에 물이 스며들듯 자신의 생각이 상대의 가슴으로 스며드는 것과 같다.

이에 대해 경영 컨설턴트이자 인간관계 전문가인 레스 기블린은 이렇게 말했다.

"의견을 전달할 때는 다른 사람의 무의식에 닿으려고 노력해야 한다. 당신의 생각을 상대방에게 납득시키려고 노력한다는 것은 곧 상대방의 잠재의식을 움직이려 한다는 것이다. 상대의 무의식이 의견을 받아들이지 않는 한 절대 진심으로 받아들인 것이 아니며 그에 따라 행동하지 않는다. '설득당한 사람은 속으로는 계속 자기 의견을 고수한다'는 것은 상대의 말을 이성적이고 의식적으로 받아들인 사람의 상태다. 립서비스를 하면서 겉으로는 당신에게 동의하는 것처럼 보이지만 그 사람은 아직까지 완전히 설득당하지도 않았고 그에 따라 행동하게 될 일은 더더욱 없다. 하지만 무의식적으로 받아들였을 때는 다르다."

그렇다. 레스 기블린의 말은 매우 설득적이다. 논쟁에서 상대방이 자신의 의견을 고수하려는 것은 당연하다. 하지만 논리적으로 빠져나가지 못하게 하면 상대도 무의식적으로 받아들이게 된다.

논리성이 좋아야 한다는 것은 곧 자신의 생각을 상대의 가슴에 스며들게 하는 것이며, 그러기 위해서는 정확한 논거 제시를 통해 받아들이게 만들어야 한다.

know-how 논리성을 기르는 방법

★ 논리성을 기르기 위해서는 설득력이 뛰어나야 한다. 그러기 위해서는 논제에 맞는 논거를 정확히 제시하는 것이 필수이다.

★ 상대의 마음을 읽는 눈을 길러야 한다. 내가 이런 말을 하면 상대가 어떻게 나올 것인지를 알게 되면 그에 대응하게 됨으로써 자신의 논리가 우위에 있다는 것을 입증할 수 있다.

★ 다양한 책을 읽어야 한다. 다양한 책을 통해 얻는 풍부한 지식은 논거의 좋은 자료가 된다. 독서는 논리성을 기르는 필수 수단이다.

논리성은 선천적으로 타고나기도 하지만 그것은 정도가 있다. 논리성이 좋은 사람도 상대를 설득할 수 있는 논거가 부족하면 도리어 설득당하게 된다. 좋은 논리성은 다양한 분야에 있어 충분한 지식을 갖췄을 때 나오는 것이다. 앞에 제시한 3가지 방법을 꾸준히 반복해서 실천하도록 하라.

여유롭고 냉철한 자세 기르기

여유롭고 냉철하다는 것은 상대의 감정에 이끌리지 않고 차분하게 논쟁에 대응할 수 있다는 것이고, 나아가 논쟁에서 이길 확률을 높일 수 있다는 말과 상통한다. 여유롭고 냉철하면 차분하고 사리에 맞게 논리적으로 논쟁에 임할 수 있기 때문이다.

그러나 여유롭고 냉철하지 못하면 조바심이 일고 냉정성을 잃어 감정에 치우쳐 전전긍긍하게 된다. 이는 논쟁에 있어 매우 불리하게 작용한다.

여유롭고 냉철한 자세가 논쟁에서 더 유리하다. 레스 기블린은 다음과 같이 말했다.

"심리학자들은 정치적인 논쟁을 주제로 실험을 했는데, 상대방이 거친 말로 위협하고 압박을 가할 때보다 차분하면서 감정적이지 않게 팩트만을 전달할 때 듣는 사람이 자신의 정치적 의견을 더 쉽게 바꾸는 경향을 보였다."

여유롭고 냉철하게 사실에 입각하여 대응하면 상대는 스펀지에 물이 스며들듯 자신의 생각을 바꾸며 말하는 이의 생각이 옳다는 것을 스스로 인정하게 된다. 그러나 거친 말로 상대에게 쏘아붙이고 압박을 가하며 밀어붙이면 반발심만 일으킬 뿐 상대는 자신의 생각을 바꾸지 않는다.

대화와 논쟁에서 화를 내거나 거칠게 굴면 결국 자신에게 돌아오는 것은 비난과 패배뿐이다. 거칠게 굴며 화를 내는 것은 감정을 격앙시키고 냉정성을 잃게 하는 요인이다.

know-how 여유롭고 냉철한 자세를 기르는 방법

★ 논쟁에서 이기려고 서두르다 보면 오히려 지고 만다. 성급함은 조급증을 부르고, 실수를 하게 만든다. 급히 먹는 떡에 체하는 것처럼 서두르지 말고 상대의 약점이 무엇인지 찾아내도록 해야 한다.

★ 냉정한 자세를 갖출 수 있도록 해야 한다. 차분함은 당사자는 물론 논쟁의 상대와 듣는 사람들의 마음을 집중하게 만든다.

논쟁에서 감정을 드러내는 행위는 스스로 약하다는 것을 인정하는 것과 마찬가지다. 쉽게 감정표현을 하는 것은 조급함이 앞서기 때문이다. 조급함은 자신을 감정적으로 몰아갈 뿐 아무런 도움도 되지 않는다.

여유롭고 냉철한 자세를 취하게 되면 냉정성을 잃지 않음으로써 자신의 주장을 정확한 논거 제시를 통해 합리적인 논리로 입증할 수 있다. 대화에 있어서나 논쟁에 있어서 목소리 큰 사람이 이기는 것이 아니라 정확한 논거 제시를 통해 냉철하게 자신의 논리를 합리적으로 입증하는 사람이 이기게 되는 것이다.

절제화법의 키포인트

● 함축되고 절제된 화법은 명쾌함으로 논쟁의 흐름을 빠르게 이끌고
청중의 귀를 집중시키는 힘이 있다.

● 절제된 화법은 불필요한 말을 간결화시킴으로써 논쟁의 상대나 청중
에게 말의 의미를 쉽게 받아들이고 확대하게 만든다.

● 소신 있게 하는 말은 논쟁 상대에게나 청중에게 신뢰를 준다. 소신 있는
발언은 자신의 주장을 강하게 받쳐주고 강한 의지가 담겨 있기 때문이다.

02

절대화법은 강한 확신을 준다

절대화법은 '상대하여 견줄 만한 다른 것이 없다'는 관형어인 '절대'와 '화법'이 결합된 말로, '그 무엇에도 제약되지 않는 모든 것을 뛰어넘는 화법'이란 의미를 담고 있다. 즉 지지 않는 뛰어난 화법이란 뜻이다.

절대화법을 구사하는 사람의 특징은 정확한 발음, 맺고 끊음이 분명한 말투, 상대를 자신의 눈 안으로 빨아들일 듯한 강렬한 눈빛, 한 치의 오차도 허용하지 않겠다는 굳은 의지를 보인다. 한마디로 강의과단剛毅果斷하다고 할 수 있다. 강의과단이란 '과단성 있게 딱 잘라 일을 처리하다'라는 의미다.

절대화법을 구사하며 자신의 논리를 펼치는 사람을 보면 머뭇거리지 않고 신속하게 논쟁을 끝냄으로써 자신의 주장대로 밀고 나가겠다는 강한 의지가 엿보인다. 대화든 논쟁이든 일이든 머뭇거리는 것은 비생산적이다. 이에 대해 묵자墨子는 다음과 같이 말했다.

"일이란 빨리 결단해야 한다. 5리를 걷는 동안 일을 결단할 수 있는 자는 왕이 될 수 있는 자다. 9리를 걷는 동안에 결단할 수 있는 자는 왕은 될 수 없지만 강한 자임에는 틀림이 없다. 일을 결정하는 데 우물쭈물 날짜를 보내고 있다면 정치가 정체되기 때문에 나라가 깎기는 결과가 된다."

묵자의 말은 무슨 일을 할 땐 그 일을 해야 하는지, 말아야 하는지를 신속하게 결단해야 함을 뜻한다. 즉 머뭇거리지 말고 과단성 있게 처리해야 한다는 것이다. 그에 따라 일의 결과는 완전히 달라지기 때문이다.

화법은 그 사람의 고유한 말버릇과 같은 것이기에 절대화법을 구사한다는 것은 마치 좋은 인생의 보석을 갖고 있는 것과 같다.

절대화법이 갖춰야 할 핵심 포인트를 보자.

거침없는 절대성

절대화법은 대화나 논쟁의 상황에 맞게 거침없이 한 방을 날림으로써 상대의 코를 납작하게 해주고, 청중의 가슴을 후련하게 한다. 절대화법은 논객이 갖춰야 할 여러 논쟁술 중에서도 가장 으뜸이라고 할 수 있다.

청중들은 자신의 생각을 잘 대변해주는 사람에게 깊은 관심을 갖기 때문인데, 자신이 할 말을 대신 해준다는 동질감을 강하게 느끼는 까닭이다. 토론을 듣다 보면 자신의 생각에 반하는 토론자를 보면 욕이라도 해주고 싶고, 심지어는 한 대 패주고 싶은 마음이 들 때도 있다. 그런데 자신이 하고 싶은 말을 대신 해줌으로써 체증이 내려간 것처럼 시원함을 느끼게 되면 그 사람을 좋아하게 되는 것은 인지상정이다.

또한 절대화법은 자신의 생각을 상대에게나 청중이 믿게끔 강한 확신을 준다. 이 강한 확신이 그 사람을 신뢰하게 하는 것이다. 특히, 설득에 있어 자기 확신은 매우 중요하다. 자기 확신은 신념과도 같다. 이에 대해 윈스턴 처칠은 다음과 같이 말했다.

"내가 의무감과 신념에 의해 행동하고 있는 한 어떠한 욕을 먹더라도 아무렇지 않다. 자신의 신념에 따라 인생을 살아가는 것, 이것이 진정한 인생의 목적이다. 신념을 갖지 않는 한 신념을 줄 수 없다. 스스로 납득이 가지 않는 한, 남을 설득시킬 수 없다."

처칠의 말에서 보듯 자신의 신념에서 나오는 확신에 찬 말이 얼마나 중요한지 알 수 있다.

처칠의 카리스마 넘치는 절대화법은 국민들로부터 뜨거운 믿음과 신뢰를 받았는데, 그에 대한 예를 보자.

"나는 피, 수고, 눈물, 그리고 땀밖에 드릴 것이 없습니다. 우리는 가장 심각한 시련을 앞두고 있습니다. 우리는 길고 긴 투쟁과 고통의 세월을 앞두고 있습니다. 여러분에게 묻습니다. 당신의 정책은 무엇입니까? 나는 말합니다. 육상에서, 바다에서, 하늘에서 전쟁을 수행하는 것이라고. 하나님께서 주신 우리의 모든 힘과 능력을 총동원하여, 어둡고 개탄스러운 인간의 범죄목록에서도 유례가 없는 저 괴물과 같은 전제자를 상대로 전쟁을 수행하는 것, 이것이 우리의 정책입니다. 여러분들은 질문할 것입니다. 우리의 목표는 무엇입니까? 나는 한마디로 답할 수 있습니다. 그것은 승리입니다. 승리, 어떤 대가를 지불하더라도 어떤 폭력을 무릅쓰고라도 승리, 거기에 이르는 길이 아무리 길고 험해도 승리, 승리 없이는 생존도 없기 때문에 오직 승리뿐입니다. 그것을 기필코 실현시킵시다."

이는 1940년 5월 13일 처칠이 독일 유화론자였던 챔버레인 수상이 물러나고 수상으로 지명된 후 의회에서 한 연설문의 일부로, 그의 강한 신념이 잘 나타나 있다. 여기서 처칠의 절대화법은 의원들은 물론 국민들에게 승리의 강한 확신을 심어주기에 충분했다.

"나는 피, 수고, 눈물, 그리고 땀밖에 드릴 것이 없습니다."

"우리의 목표는 무엇입니까? 나는 한마디로 답할 수 있습니다. 그것은 승리입니다. 승리, 어떤 대가를 지불하더라도 어떤 폭력을 무릅쓰고라도 승리, 거기에 이르는 길이 아무리 길고 험해도 승리, 승리 없이는 생존도 없기 때문에 오직 승리뿐입니다."

처칠의 연설문 중 이 두 문장에는 절대화법이 무엇인지가 잘 나타나 있다. 반드시 히틀러를 물리치고 승리해야 한다는 처칠의 절대화법은 지상명령과도 같은 것이었다. 결국 처칠은 자신의 확신처럼 히틀러를 몰아내고 영국과 전 세계에 자유와 평화를 구현시킬 수 있었다.

처칠의 절대화법은 그가 국정을 수행하고 그의 인생을 승리하게 하는 데 있어 절대적으로 작용했다. 절대화법은 사람들에게 굳건한 믿음과 신뢰를 갖게 하는 신념에 찬 화법이다.

정확한 자료를 논거로 삼는다

대화나 논쟁을 하는 데 있어 자신의 논리를 받쳐줄 정확한 논거를 제시한다는 것은 매우 중요하다. 정확한 논거 없이 추측성 발언을 한다든지, '누가 그러던데 이렇다고 하더라' 하는 식의 말은 별로 설득력이 없다. 정확한 논거야말로 논리를 펼치는 데 있어 매우 유용하고 공감을 이끌어내게 한다.

정확한 논거로 압박을 가하면 상대는 당황하게 되고 아무리 자제하려고 해도 겉으로 나타나기 마련이다. 그러면 상대는 자신의 허점을 감추기 위해 강하게 반박을 가하게 된다. 그러면 또다시 정확한 논거를 제시하며 몰아가야 한다. 그러면 상대는 더 심하게 당황하게 되고, 자신도 모르게 얼굴을 붉히게 된다. 그러면 바로 그 부분에 허점이 있는 것이다. 이에 대해 독일의 철학자 쇼펜하우어는 이렇게 말했다.

"어느 논거에 이르러서 상대가 느닷없이 화를 내면 그 논거를 끈질기게 물고 늘어져야 한다. 왜냐하면 상대방의 화를 더욱 돋우는 것이 유리할 뿐만 아니라 그로써 상대의 사고과정 중의 약점을 건드렸다고 추측할 수 있기 때문이다. 그리하여 겉으로 볼 수 있는 것보다 훨씬 더 심각하게 상대의 약점에 타격을 입힐 수 있다."

정확한 자료 없이 논리를 펼친다는 것은 있을 수 없는 일이다.

정확한 논거를 제시하지 못하면 날카로운 심문을 할 수 없다. 도리어 상대로부터 공격을 받게 되고, 보는 사람들에게도 공감을 이끌어내지 못한다.

절대화법에서 정확한 자료에 의한 논거는 절대적으로 필요하다. 절대화법은 논증에 한 치의 오차도 없을 때 빛을 발하는 화법이기 때문이다.

대화나 논쟁의 흐름을 자신에게 유리하게 이끄는 능력

대화나 논쟁을 유리하게 만들기 위해서는 대화나 논쟁의 흐름을 자신이 이끌어야 하며, 정확한 자료를 바탕으로 활발하게 논리를 전개시켜야 한다. 증거가 확실하면 대화와 논쟁의 상대는 물론 청중의 관심을 집중시키는 데 유리하다.

그리고 또 하나, 논쟁에 임하는 자세를 들 수 있다. 반듯한 자세와 정확한 발음, 똑소리 나는 말씨는 상대에게 압박을 가하게 된다. 이 역시 대화와 논쟁의 상대는 물론 청중의 눈과 귀를 사로잡는 데 매우 효과적이다. 같은 말도 발음에 따라, 말씨에 따라 전달되는 힘이 각기 다르게 느껴지기 때문이다.

또한 상대의 논리가 논제에 부합되지 않거나, 논점에서 벗어나거나 반론에 문제가 있을 때에는 상대의 억지 논리에 대해 지적하고 반박을 가해야 한다. 반박을 가할 땐 단호하게, 또는 누구나 알아들을 수 있게 큰 소리로 말하는 게 좋다.

이에 대해 쇼펜하우어가 한 말을 보자.

"상대방이 현재 논쟁 중인 사안의 결론과 직결될 가능성이 있는 무엇을 시인하라고 요구하면 상대방이 자신의 주장을 진실로 간주해버리려고 한다고 천명함으로써 그의 요구를 받아들이지 말아야 한다. 상대방이나 청중은 쟁점 중인 문제와 유사한 명제를 쉽사리 문제 자체와 동일시할 것이기 때문이다. 그렇게 함으로써 상대방이 사용할 수 있는 최상의 논거를 제거할 수 있다."

이처럼 상대가 제대로 반론을 제기하지 못하면 압박을 가하고 큰 소리로 환기시킴으로써 자신의 주장이 옳다는 것을 입증하고 대화나 논쟁의 흐름을 자신에게 유리하게 이끌면, 상대는 굴복하게 되고 청중은 나에게 깊은 신뢰를 보내게 된다.

거침없는 절대성을 갖춰라

누구도 흉내 낼 수 없는 자신만의 화법을 갖는다는 것은 크나큰 재능과도 같다. 논쟁사회라고 할 수 있는 현대사회에서 자신의 생각을 적극 펼침으로써 자신이 원하는 삶을 살아가는 데 큰 도움이 되기 때문이다.

절대화법은 논쟁에서 유리하게 작용한다. 절대화법은 상대에게 빈틈을 주지 않는 거침없는 절대성을 바탕으로 해야 한다. 상대가 나의 주장에 대해 반박할 여지를 주지 않고 적극 주장을 펼침은 물론 상대에게 질문을 통해 압박을 가하는 것이다. 연속적으로 다양한 관점에서 거침없이 질문을 하다 보면 상대는 대답을 하지 못하고 머뭇거리며 이리저리 빠져나갈 궁리를 하게 된다. 이때 질문에 대한 자신의 주장을 펼쳐나가면서 상대를 압박하면 논쟁에서 상대방을 기선제압할 수 있다.

쇼펜하우어는 이렇게 말했다.

"상대방이 질문이나 논거에 대해 직접적인 대답이나 정보를 주지 않고 반대 질문이나 간접적인 답변, 또는 심지어 사안과 전혀 관계가 없는 말로 피하면서 다른 쪽으로 빠져나가려고 하면, 이것은 상대의 미심쩍은 부분을 건드렸다는 확실한 신호다. 즉 이것은 상대방의 입장에서는 어찌할 도리가 없는 침묵이다. 그러므로 건드린 부위를 계속해서 몰아붙이면서 상대방이 그 약점으로부터 도망치지 못하게 해야 한다. 이것은 건드린 상대방의 약점이 무엇인지 스스로 아직 잘 파악하지 못한 상태에서도 마찬가지다."

쇼펜하우어가 말한 요지처럼, 논쟁에서는 한번 걸려들면 빠져나가지 못하게 다양한 관점에서 질문을 함은 물론 상대방이 이런 저런 논리를 내세워 교묘히 빠져나가지 못하게 해야 한다. 이럴 때 절대적으로 필요로 하는 것이 절대화법이며, 거침없는 절대성은 절대화법을 돋보이게 하는 최선의 수단이다.

know-how 거침없는 절대성을 기르는 방법

★ 정확한 발음을 하도록 연습하고, 딱 부러지게 말하는 습관을 들여라.

정확한 발음에서 나오는 똑소리 나는 말은 상대에게 당신을 빈틈없는 사람으로 보이게 하여 논쟁을 유리하게 이끄는 데 도움이 된다.

★ 정확한 자료를 바탕으로 논거를 제시하게 되면 당당하게 논리를 펼치는 데 큰 도움이 된다. 정확히 안다는 것이 자신감을 심어주기 때문이다.

★ 바른 자세를 하고 자신감 있는 표정을 짓도록 연습하라. 흐트러지지 않는 몸가짐으로, 거침없는 절대성의 질문과 자신감을 통해 진정성을 보여주도록 자신을 습관화시켜라.

이는 대화와 논쟁의 주도권을 쥐고 이끌어가기 위한 방법이다. 이러한 것들이 몸에 배게 한다면 언제 어느 때 어떤 논제를 갖고 논쟁을 벌이더라도 밀리지 않고 절대화법을 구사할 수 있을 것이다.

정확한 자료를 논거로 삼아라

정확한 자료를 논거로 삼는 법을 배우기 위해서는 몇 가지 포인트를 숙지해야 한다. 논리를 뒷받침해 주는 논거, 자신의 논리를 힘 있게 받쳐주는 접속어, 간결하게 말하기이다. 이 세 가지를 적절하게 적용시킬 때 정확한 자료를 바탕으로 논거를 삼고 논리를 펼치는 데 큰 도움이 된다. 이를 구체적으로 살펴보기로 하자.

"무엇보다 엄격히 논리 정연하라. 논증은 명료하고 엄정해야 한다. 여러 사실들로 논의를 뒷받침하라. 발언 중간 중간 적합한 연결어를 넣어라."

이는 뉘아주 블랑-상토르 이뎁 부사장 리오넬 벨랑제가 한 말로, 논쟁에 있어 논증이 왜 명료하고 엄정해야 하는지를 잘 알게 한다.

대화도 그러하지만 특히 논쟁에서 논거는 매우 중요하다. 논증을 잘하기 위해서는 정확한 자료를 바탕으로 해야 한다. 그래야 논리를 펼쳐나갈 때 논점을 정확하게 뒷받침함으로써 논리의 정연함을 갖추게 된다.

그리고 발언 중간 중간에 연결어, 즉 접속어를 넣으라고 하는 것은 자신의 주장을 합리화하고 결정짓는 데 이 접속어가 중요한 역할을 하기 때문이다. 가령 어떤 논제에 대해 논리를 펼치고 나서 '따라서', '결론적으로 말해서', '그럼에도 불구하고'라고 말하면 자신의 논리에 대한 강한 힘이 실린다. 이에 대해 리오넬 벨랑제는 다음과 같이 강조했다.

"때로는 중요하지 않은 단어, 일명 접속어라고 불리는 평범한 연결단어가 설득을 유도한다."

그렇다. 그냥 결론을 말하는 것보다 접속어를 넣게 되면 짜임새 있는 결론을 도출해내는 것과 같이 느껴진다.

또한 말을 할 때는 길게 말을 이어가는 것보다 간결하게 말하는 것이 좋다. 간결하고 함축적인 말은 이해가 빠르고 귀에 쏙쏙 들어온다. 말을 길게 늘어놓으면 핵심의 본질을 놓칠 수 있다. 그렇게 되면 아무리 정당한 논리라도 논쟁에서 밀리고 만다. 이 점을 각별히 유념하여 정확한 논거에 의해 논리를 펼친다면 대화와 논쟁에서 좋은 결과를 얻을 수 있을 것이다.

know-how 정확한 논거를 제시하는 방법

★ 인터넷, 사전, 책을 통해 상식을 기르고, 직접 발로 뛰며 철저하게 자료조사를 하는 습관을 들여라.

★ 자신의 생각을 짧고 간결하게 전하는 연습을 하라. 말이 길면 핵심의 본질을 놓치게 된다.

★ 논리를 펼치는 중간 중간에 접속어를 넣어 자신의 주장을 돋보이도록 연습하라. 이는 자신의 논리를 강하게 인식시키는 데 상당히 효과적이다.

대화와 논쟁을 잘하기 위해서는 말만 잘해서 되는 것은 아니다. 시쳇말로 목소리 큰 사람이 이긴다는 말이 있는데, 이는 대화와 논쟁에서는 그다지 중요하지 않다. 자신감 있게 논리를 펼치기 위해서는 정확한 자료를 논거로 삼아야 한다. 특히 논쟁은 논리를 통한 설득이기 때문이다. 다시 말해 누가 더 논리적이고 합리적으로 설득하느냐에 따라 논쟁에서의 승패가 결정된다.

대화와 논쟁에서 밀리지 않게 말하고 활발하게 논쟁을 펼치고 싶다면 위에서 제시한 3가지를 익혀 적극 활용하라.

대화와 논쟁의 흐름을 자신에게 유리하게 이끌어라

대화와 논쟁의 목적은 자신의 생각을 상대방에게 심어줌으로써 상대방이 자신의 생각을 따르게 하는 데 있다. 또한 자신의 생각을 청중에게 공감시키는 것도 중요하다. 자신의 생각을 따르게 하기 위해서는 상대나 청중이 이의를 제기하지 않고 기꺼이 받아들이게 하는 것이 관건이다.

그러기 위해서는 논리가 타당해야 한다. 자신의 논리가 옳다는 것을 상대와 청중에게 설득시켜야 한다는 말이다.

"설득을 잘하는 사람은 포지셔닝이 뛰어나다."

하버드대학의 존 코터 교수는, 설득을 잘하는 사람은 "상대에게 통하는 것과 그렇지 않은 것의 차이를 잘 포착한다"고 하면서 이렇게 말한 바 있다.

"그들은 상대의 마음의 벽을 뚫고 메시지를 보내려고 하지 않는다. 마음의 문을 연 다음 메시지를 보낸다."

아무리 좋은 방법도 통하는 사람이 있고 그렇지 않은 사람이 있다. 통하지 않는 사람에게는 다른 방법을 써야 한다. 가령 자신의 논리를 펼칠 때, 상대가 논리성이 뛰어나고 합리적이라면 최대한 자신의 논리가 더 월등하다는 것을 증명해야 한다. 그런 부류의 사람은 자신의 논리에 대해 자긍심을 갖고 있는 반면 상대가 자신보다 더 논리가 낮다고 생각하면 깨끗하게 승복하고 받아들이기 때문이다.

그러나 논리성이 별로 없거나 약한 사람은 의외로 승복하지 않으려고 한다. 자신을 유리하게 하기 위해 자신 없는 것에 대해서는 반대 질문을 하거나 사안과 관계없는 말을 하면서 회피하려고 든다. 이런 이들에게는 나의 논리가 더 타당하다는 것을 근거를 내세워 강하게 압박을 가해야 한다. 그러면 더는 회피하지 않고 승복하게 된다.

대화와 논쟁의 흐름을 자신에게 유리하게 이끌기 위해서는 상대방이 아무리 이런저런 논리를 앞세워 빠져나가려고 해도 절대 틈을 주지 말아야 한다. 그러기 위해서는 자신의 논리가 상대를 압도해야 함을 잊지 말아야 한다.

know-how 대화와 논쟁의 흐름을 이끄는 방법

★ 대화와 논쟁을 주도하기 위해서는 상대보다 더 설득력이 뛰어나야 한다. 설득력이 좋아야 자신의 논리를 입증하는 데 유리하기 때문이다. 설득

력을 기르기 위해서는 논거를 뒷받침할 수 있도록 정확한 자료를 잘 활용할 수 있는 다양한 지식을 길러야 한다.

★ 상대를 압도하기 위해서는 논제에 맞는 다양한 질문을 하라. 상대가 답을 하지 못하면 그 부분이 허점이므로 그 부분을 집중 공략하는 능력을 길러야 한다.

★ 정확한 발음, 똑소리 나는 화법으로 상대를 압도해야 한다. 그러기 위해서는 발음 연습을 통해 정확한 발음을 연마하고, 틈을 주지 않는 절대 화법으로 상대를 압박하는 힘을 길러야 한다.

대화와 논쟁의 본질은 내 생각이 옳다는 것을 논리를 통해 입증하는 데 있다. 내 생각이 옳다는 것을 입증하기 위해서는 논쟁의 흐름을 자신에게 유리하게 이끌어야 하고, 그 방법을 기르는 위의 3가지를 숙지하여 몸에 배게 해야 한다. 그렇게 했을 때 대화와 논쟁을 승리로 이끌게 되고, 자신을 상대방과 청중에게 깊이 인식시킴으로써 자신의 가치를 높일 수 있다.

절대화법의 키포인트

● 절대화법은 상대에게 빈틈을 주지 않는 철저한 논거를 바탕으로 해야 한다. 그래서 상대가 자신의 주장에 대해 반박할 여지를 주지 않고 적극 주장을 펼침은 물론 상대에게 질문을 통해 압박을 가해야 한다.

● 정확한 논거 없이 추측성 발언을 한다든지, 누가 그러더라는 식의 말은 별로 설득력이 없다. 정확한 논거야말로 논리를 펼치는 데 있어 매우 유용하고 공감을 이끌어내게 한다.

● 자신의 생각을 따르게 하기 위해서는 상대나 청중이 이의를 제기하지 않고 기꺼이 받아들이게 하는 것이 관건이다. 그러기 위해서는 자신의 논리가 옳다는 것을 상대와 청중에게 설득시켜야 한다.

촌철살인 화법

03

한마디의 말로 상대를 설득시키는 화법

남송시대 때 학자 나대경이 손님들과 주고받은 내용을 엮은 책이 《학림옥로鶴林玉露》인데 종고선사가 선禪에 대해 말한 기록이 있다.

"한 수레의 무기를 가득 싣고 와서 하나를 놀려 마치면 또 다른 하나를 꺼내 가지고 와서 놀리는 것 같지만 이것이 사람을 죽이는 수단은 아니다. 나는 단지 손가락 마디만 한 쇳조각이 있지만 이것으로 사람을 죽일 수 있다."

사람을 죽이기 위해서는 한 수레의 무기가 필요치 않다. 손가락 마디만 한 쇳조각만으로도 충분하다는 뜻이다. 여기서 말한 살인이란, 무기로 사람을 죽이는 것이 아니라 마음속에 속된 생각을 없애는 것을 의미한다. 이 이야기에서 유래한 말이 촌철살인寸鐵殺人이다. '한 치도 안 되는 무기로 사람을 죽인다'라는 뜻으로, 누군가를 설득할 때 장황하게 말을 늘어놓기보다는 상대의

의중을 충분히 파악한 다음 시의 적절하게 한두 마디로 상대의
의표를 찔러 당황하게 만들거나 감동시키는 것을 비유하여 일컫
는 말이다. 이를 화법에 적용시킨 것이 촌철살인 화법이다.

촌철살인 화법이 갖춰야 할 핵심 포인트를 보자.

촌철살인적인 예리함의 설득력

촌철살인 화법이 청중에게 카타르시스를 느끼게 하는 것은 강
한 공감을 불러일으키기 때문이다. 이를 잘 알게 하는 이야기가
있다.

미국 역대 대통령 중 가장 말을 잘하는 대통령으로 버락 오바
마를 들 수 있다. 그가 미국 역대 대통령 중 최고의 달변가로 꼽히
는 것은 촌철살인적인 그의 말 때문이다. 특히 촌철살인적인 그
의 유머를 들은 사람들을 하나같이 박장대소한다.

"지난주 만난 영국의 조지 왕자는 심지어 외교의전을 완전히
무시하다니 한 대 얻어맞은 기분이다. 딱 두 마디만 더 하겠다. 오
바마는 간다."

외교의전을 무시한 영국을 풍자하며 연설을 마치고 연단을 떠
나면서 그가 한 말이다.

"오늘 나의 모든 농담은 골드만삭스 제공입니다. 여러분이 웃
든 말든 골드만삭스는 돈을 법니다."

이는 월스트리트의 황제 골드만삭스가 미국 증권거래위원회
로부터 사기혐의로 피소된 것을 겨냥해 한 말이다.

이러한 오바마의 촌철살인 화법에 청중은 큰 소리로 웃으며 열

렬히 반응했다. 촌철살인 화법은 국가와 인종을 떠나 카타르시스를 느끼게 하는 '언어의 명약'이라고 할 수 있다.

촌철살인 화법은 누군가를 설득할 때 장황하게 말을 늘어놓기보다는, 그 상황에 맞게 한두 마디로 대화 상대나 논쟁 상대의 의표를 찔러 당황하게 만들거나 감동시키는 것을 말한다. 이때 툭 하고 던지는 말에는 촌철살인적인 의미가 내포되어 있어 듣는 이들의 가슴을 시원하게 해준다. 시쳇말로 '사이다 발언'이라는 것은 곧 촌철살인 화법을 비유적으로 표현한 말이라고 할 수 있다.

느릿느릿한 말씨

느긋하고 친근감 넘치게 툭툭 던지는 한마디는 촌철살인의 예리함이 날카롭게 번득인다. 듣는 사람들 입장에서는 속이 시원함을 느낄 정도로 명쾌하고 유쾌하다. 여유 있는 느린 말씨는 딱딱한 대화나 논쟁의 분위기를 부드럽게 해줌으로써 긴장을 완화시킨다.

느긋함의 말씨 속에는 예리함이 도사리고 있다. 마치 소리 없이 다가가 먹이를 낚아채는 솔개와도 같은 날카로움이 번뜩인다.

또한 느릿느릿 말하는 느긋함의 말씨는 대화 상대나 논쟁 상대의 귀를 쫑긋하게 만들고, 청중의 눈과 귀를 자신에게 집중하도록 만든다. 빠르고 커다란 소리의 말씨보다는 작고 느릿느릿한 말씨가 더 눈과 귀를 자극시키기 때문이다.

느릿느릿한 말씨는 청중에게 호감도가 더 높다. 이를 증명하는 연구 결과가 있어 흥미롭다. 충북도립대학 생체신호분석실의 조

대화의 자신감을 높여주는 7가지 대표적인 화법

동욱 교수가 '말의 속도에 따른 호감도'라는 연구를 통해 발표한 내용이다.

성인 남성 스무 명을 대상으로 하여 자주 쓰는 인사말인 "안녕하세요"의 맨 마지막 음절 '~요' 발음을 0.1초에서 0.3초로 다르게 들려준 뒤 가장 편안하고 듣기 좋은 말을 고르게 했다. 실험에 참가한 남성 중 70%는 가장 긴 발음인 0.3초를 선호했다. 나머지 여섯 명은 두 번째 긴 발음인 0.2초를 선택했다. 실험 참가자들은 그 이유에 대해 긴 발음이 '부드럽다', '예의 있어 보인다', '정감이 있다'라고 답했다. 그러나 짧은 발음은 '냉정하다', '건방져 보인다'라고 대답했다.

이는 무엇을 말하는가? 느릿느릿한 말씨는 듣는 사람에게 더 호감을 준다는 것이다. 따라서 대화와 논쟁에서 더욱 효과적이라고 할 수 있다.

느릿느릿한 말씨가 파괴력이 강한 이유는 말 속에 담긴 촌철살인의 예리함에 있다고 하겠다.

유머러스한 위트

유머가 사람들에게 미치는 영향에 대해 독일의 철학자 프리드리히 니체Frie drichNietzsche는 이렇게 말했다.

"유머가 없는 진리는 진리가 아니다."

유머는 대화와 논쟁에 있어서 매우 중요하다. 유머가 있는 위트는 대화나 논쟁에서 상대의 마음을 오픈시킴은 물론 자신의 이야기에 청중이 귀를 기울이게 하는 힘이 있다. 어떤 사실에 대해 내용에만 충실한 것보다는 유머를 통해서 이야기하면 전달력이 훨씬 좋아져서 자신의 주장에 대한 설득력을 높이는 데 유리하다는 것이다.

변호사 전원책과 유시민 작가가 JTBC 〈썰전〉에서 보여주었던 유머러스한 위트를 보자. 전원책이 하는 말을 들어보면 느긋함에서 오는 유머러스한 위트가 아주 자연스럽다. 그는 유시민과의 설전에서 친박 대 비박의 분열에 대해서 "내가 새로운 보수정당을 건설하기 위해 이 한 몸 불사르겠다"라고 말하고는, "이재명, 문재인 대항마가 누가 있냐, 손에 피 묻힐 사람은 저밖에 없다, 두 달만 요양 다녀오겠다"는 등의 위트를 날려 웃음을 자아냈다.

두 사람의 위트 있는 대화를 조금 더 보자.

"최순실, 차은택 두 사람은 학력을 포장하려고 그렇게 애를 쓰고, 수준을 과시하기 위해 만드는 회사 이름마다 이름 해석이 안 되는 'The Playground communication', 이건 뭘 의미하는 겁니까? 운동장에서 통신하자는 겁니까?"

"측근들의 놀이터, 그게 청와대를 의미하는 거예요."

"아, 그게 그런 깊은 뜻이. 나가 놀아라, 정말 그러고 싶어."

유머를 섞어 위트 있게 자기 생각을 전달하는 두 사람의 대화를 듣고 시청자들은 재미와 함께 카타르시스를 느꼈을 것이다.

전원책은 같은 말도 재미있게 하는 재주가 있다. 그렇다고 해서 그의 말이 웃음만 자아내는 것이 아니라, 그 웃음 속에 예리함을 내포하고 있다. 만일 웃음만 있다면 그것은 대화와 논쟁의 본질에서 벗어난 코미디에 불과하다.

앞에서도 잠깐 언급했지만 대화와 논쟁에 있어 유머스러한 위트는 분위기를 흥미롭게 고조시켜 자신의 주장을 자연스럽게 대화와 논쟁 상대나 청중에게 스며들게 함으로써 자신의 생각을 주입시키는 효과가 크다.

그렇다. 유머러스한 위트는 촌철살인 화법을 구사하는 데 있어 꼭 필요한 요소라 할 수 있다.

촌철살인적인 예리함을 길러라

당태종 이세민의 책사 위징은 솔직담백함과 원칙, 순리주의의 지략가로 유명하다.

"수나라가 그렇게 빨리 망한 것은 수양제가 정자와 누대를 축조하는 등 대규모 공사로 백성들의 부역을 가중시켰기 때문입니다. 현재 남아 있는 궁전과 누대만 해도 다 사용하지 못할 만큼 많습니다. 수왕조의 멸망을 생각한다면 이 누대와 궁전들을 부숴버려도 아까울 것이 없고, 아까워서 부수지 못한다면 더 이상 짓지 말아야 합니다. 천하를 얻을 때의 어려움을 잊고 계속 궁전을 지어 화려함과 향락을 추구한다면 수나라와 똑같은 길을 가게 될 것입니다."

하남과 삼서 일대에 폭우가 내려 수해가 발생했다. 그런데도 태종은 낙양에 정신궁을 지으려 했다. 이 소식을 들은 위징이 태종에게 했던 말이다. 태종은 위징의 말을 듣고 궁을 짓지 않았을 뿐더러 모든 자재를 수해를 입은 지역으로 보내 백성들의 집을 짓는 데 사용하게 했다.

위징의 말은 당태종의 마음을 서늘하게 만들었다. 위징의 말 중 "천하를 얻을 때의 어려움을 잊고 계속 궁전을 지어 화려함과 향락을 추구한다면 수나라와 똑같은 길을 가게 될 것이다"라는 말이 그러하다. 이는 당태종으로 하여금 위징의 말을 듣지 않으면 안 될 것 같다는 생각에 빠져들게 했던 것이다.

이 이야기는 많은 것을 생각하게 한다. 촌철살인적인 말이 얼마나 위력이 큰지를 잘 알게 한다.

촌철살인으로 자신의 주장을 펼치기 위해서는 그 주장에 맞는 비유가 가장 효과적이다. 쇼펜하우어는《논쟁에서 이기는 38가지의 방법》에서 "아직 나름의 고유한 명칭이 없이 우리가 비근한 표현을 사용하여 비유적으로 지칭해야 하는 보편적인 개념을 놓고 붙었을 경우 우리는 우리의 주장을 펴는 데 유리한 비유를 신속하게 선택해야 한다"라고 말했다. 비유는 원관념에 대한 보조관념으로써 원관념이 주지 못하는 강한 느낌을 갖게 하는 데 제격이다.

"울면 꽃이 아니다. 언제나 웃어야 꽃이다."

이는 〈언제나 꽃은〉이란 필자의 시詩의 일부이다. 꽃이 사람들에게 사랑받는 것은 꽃의 변함없는 '웃음', 즉 활짝 피어 있는 모습 때문이다. 여기서 '웃음'은 '활짝 핀 꽃'의 비유적 표현으로 원관념인 '활짝 핀 꽃'의 보조관념이다. 그리고 이 시의 주제는 '변함없는 영원성'이다. "울면 꽃이 아니다. 언제나 웃어야 꽃이다."

라는 표현은 '변함없는 영원성'을 의미한다.

이 시는 불나방이 불빛을 따라 이리저리 옮겨 가듯 자신의 이권에 따라 이리저리 쫓아다니는 사람에게 비유적으로 해줄 수 있는 충고의 의미를 담고 있다. 꽃은 항상 변함이 없지만 사람들 중엔 줏대 없이 이리 쏠리고 저리 쏠리는 사람들이 있다. 바로 이들의 줏대 없음을 비판적으로 한 비유이다.

바로 이것이 촌철살인적인 표현이다. 이 간단한 표현에 깊은 뜻이 내포됨으로써 강한 교훈을 이끌어내는 것이다.

비유는 말을 멋스럽게도 하지만 본래의 의미를 강하게 함으로써 의미의 효과를 더하게 하는 시적 장치이다. 자신의 생각에 맞게 적절하게 하는 비유는 촌철살인의 설득력을 지님으로써 대화와 논쟁에서 좋은 결과를 얻게 한다.

know-how 촌철살인의 예리함을 가지려면

★ 자신이 주장하는 것에 맞게 비유적으로 표현하는 연습을 하라. 한 마디의 비유가 백 마디의 말보다 더 설득력을 지닌다.

★ 자신의 생각에 맞는 단호하고 명료한 말로 주장을 펼치는 연습을 해야 한다. 이는 비유적인 것보다는 못하지만 명언처럼, 경구처럼 할 수 있다면 매우 효과적이다.

★ 비유나 경구 등을 자연스럽게 구사하기 위해서는 잠언집과 명언집, 시집을 꾸준히 읽어 언어의 감각을 키워야 한다. 언어의 감각이 입에 붙게 되면 촌철살인적인 표현을 자연스럽게 구사하게 된다.

촌철살인적인 논리는 그 예리함으로 인해 논쟁에서 우위를 점하는 데 매우 효과적이다. 그것은 아무나 할 수 있는 표현이 아니기 때문이다. 희소가치가 있는 보석이 더 비싸고 사람들의 관심을 끄는 것과 마찬가지다.

느릿느릿한 말씨가 도움이 된다

사람은 성격에 따라 말하는 것도 다 다르다. 성격이 급한 사람은 대체적으로 말도 빠르다. 성격은 본성적인 것으로 말 또한 그대로 따라가기 때문이다. 이와는 반대로 성격이 느긋한 사람은 말 또한 느릿느릿하다. 이 또한 본성적인 성격에 기인하는 까닭이다.

한 가지 오해하지 말아야 할 것은, 말이 빠르다고 해서 반드시 나쁜 것은 아니라는 것이다. 말이 빠르더라도 정확한 발음, 정확한 전달력만 있으면 대화와 논쟁에 있어 자신의 생각을 빠르고 분명하게 전달할 수 있다는 장점이 있다.

그러나 대체적으로 말이 빠르다 보면 정확한 발음, 정확한 전

대화의 자신감을 높여주는 7가지 대표적인 화법

달력에 문제가 있기 마련이다. 반면에 느릿느릿한 말씨는 대화와 논쟁의 상대자나 청중의 이목을 집중시키게 된다. 느릿느릿 말을 하다 보면 무슨 말인가 하여 귀를 쫑긋 세우게 되기 때문이다. 게다가 말이 느리면 정확한 발음을 하는 데 유리하고, 자신의 생각을 정확하게 전달하는 데도 효과적이다.

그런데 느릿느릿한 말 속에는 예리함이 있어야 한다. 말이 느리다 보면 이목을 집중시키는 데에는 무리가 없지만, 그 속에 예리함이 없으면 대화나 논쟁술로서의 가치가 없다.

대화와 논쟁에 있어 느릿느릿한 말씨로 상대의 생각을 확대하여 환기시킴으로써 자신의 논리를 입증하는 화법을 구사할 수 있다. 즉 상대의 주장을 통해 그에 맞는 사실적 논거들을 대비시킴으로써 자기 생각의 정당성을 확보하는 것이다. 쇼펜하우어는 이에 대해 이렇게 말했다.

"상대의 주장을 원래 주장의 자연스런 경계를 넘어서는 쪽으로 끌고 가서 그 주장을 가능한 한 보편적으로 해석하고, 가능한 한 넓게 받아들여 그것을 과장해버린다. 반면에 자신의 주장은 가능한 한 제한된 의미가 되도록 한다. 즉 가능한 한 협소한 범위 내로 축소시킨다. 왜냐하면 주장이라는 것은 보편적이면 보편적일수록 그만큼 더 공격에 많이 노출되기 때문이다."

매우 일리 있는 말이라고 할 수 있다. 상대의 주장을 확대하여 누구나 들어서 알 수 있도록 하면, 그만큼 보편적인 이야기로 흐르게 되어 주장의 신빙성이 떨어진다. 반대로 주장을 제한하게 되면, 신빙성을 높이게 됨으로써 자신의 주장을 합리화하고 정당화하는 데 도움이 된다.

know-how 느릿한 말씨 기르는 법

★ 급한 성격일수록 느릿느릿하게 말하는 화법을 길러야 한다. 그러나 이는 성격에 기인하는 것이기 때문에 바꾸기는 대단히 어렵다. 어떤 말을 할 땐 좌우를 살피면서 사람들과 눈을 맞추며 한 호흡을 늦추고 말하는 습관을 들여보라. 그러면 느릿느릿한 말씨를 갖는 데 도움이 될 것이다.

★ 자세를 여유롭게 갖도록 해야 한다. 말을 급히 하는 사람들은 자세 또한 산만하다. 몸가짐이 여유로우면 말 또한 여유롭게 하게 된다.

★ 자신의 주장을 펼칠 때 상대방의 주장을 보편화하도록 하는 것이 좋다. 보편적인 것은 설득력을 떨어뜨리게 된다. 이때 자신의 주장을 느긋하고 정확하게 펼쳐나가면 결과는 매우 효과적이다. 이를 몸에 배게 습관화하라.

대화와 논쟁에서 느릿느릿한 말씨는 매우 효과적이다. 대화와 논쟁은 단지 말을 잘해서만 대화를 잘하고 논쟁에서 이기는 것이 아니다. 그보다는 그 사람의 화법, 생각의 가치관, 논리적인 설득, 여유로운 마음가짐이 더 중요하다.

유머는 최고의 한 방이다

인간관계를 부드럽게 하고 긴장을 완화시키는 데 가장 효과적인 것이 유머이다. 그래서 처음 만난 사람들끼리도 유머로 인해 한바탕 웃고 나면 분위기가 훨씬 자연스러워지고, 긴장감이 도는 회의도 유머 한 방이면 눈 녹듯 풀어진다.

유머는 때와 장소에 맞게 잘 구사할 수 있다면 뜻밖에도 큰 결과를 낳는 좋은 화법의 요소이다. 이에 대한 이야기가 있다.

정주영은 조선소를 건설하기 위해 차관이 필요했다. 장기 저리 차관을 통해 조선소를 건설하기로 한 것이다. 그는 차관과 기술력을 유럽에서 구하기로 계획을 세웠다. 그러고는 한 치의 망설임도 없이 맨주먹으로 영국의 런던으로 날아갔다.

그는 애플도어사의 회장을 만나 도움을 요청했다. 애플도어사 회장은 정주영의 요청에 난감한 표정을 지었다. 그 이유는 선주도 나타나지 않은 데다 한국의 상환능력과 잠재력에 대한 불신 때문이었다. 하지만 정주영의 끈질긴 요구에 애플도어사 회장은 차관 도입을 실현시킬 수 있도록 도움을 주었다.

애플도어사 회장으로부터 정주영을 소개받은 버클레이은행은 현대의 능력을 가늠하기 위해 직원들을 파견해 현대가 건설한 비료공장, 화력발전소, 시멘트공장 등을 조사하였다. 조사 후 버클레이은행은 가능성이 있다는 판단을 내렸다.

정주영은 버클레이은행 중역식당으로 초대되었다. 해외담당 총책임자인 부총재는 대뜸 정주영에게 이렇게 물었다.

"당신의 전공은 무엇입니까?"

"내 사업계획서를 보았습니까?"

정주영이 묻자 그가 보았다고 대답했다. 정주영은 이렇게 말을 이었다.

"그 사업계획서가 내 전공입니다."

정주영은 이어서 이렇게 말했다.

"사실은 어제 옥스퍼드대학에 그 사업계획서를 가지고 가서 학위를 달라니까 한번 들쳐 보고는 두말없이 학위를 줘서 어제 경제학 박사학위를 받았습니다. 그 사업계획서가 내 학위논문입니다."

그러자 웃음이 터져 나왔다. 정주영의 기발한 유머로 분위기는 일순간 싹 바뀌었다.

버클레이은행 부총재는 정주영의 센스 넘치는 유머에 그를 신뢰하게 되었고, 사업계획서를 수출보험국으로 보내겠다고 약속했다. 영국은행은 차관을 줄 때 영국수출보증기구 ECGD 총재의 보증을 받아야 했기 때문이다. 차관해 간 나라에서 상환을 받지 못하면 영국 정부가 책임지고 보장해준다는 보증이었다.

정주영은 유머를 잘 구사한 것으로 널리 알려져 있다. 그는 곤란하거나 어려운 일이 있을 때마다 유머를 적절하게 사용함으로써 난관을 극복한 끝에 지금의 현대그룹을 키워냈던 것이다.

조선 중기 때의 문인인 백사 이항복은 그의 벗인 한음 이덕형과 담소를 나눌 때마다 재치 있는 유머를 날림으로써 주변 사람들에게 웃음을 준 것으로 유명하다. 유대인 출신으로 세계 금융가를 쥐락펴락했던 로스차일드Rothschild도 유머를 잘 구사했다고 한다. 그가 영국의 정치가들과 기업가들을 비롯한 유력자들과 교류하면서 성공할 수 있었던 비결은 유머를 통한 뛰어난 그의 화법에 있었던 것이다.

유머는 동서고금을 막론하고 훌륭한 소통의 수단으로 사용되었다. 유머는 인간관계를 친근감 있게 이끌어주는 화법의 중요한 매개체다. 유머와 위트는 인간관계에 있어서나 대화나 논쟁에 있어서 활력을 불어넣어 주고, 분위기를 환기시킴으로써 대화의 상대와 논쟁의 상대는 물론 청중에게도 자신의 논리를 깊이 인식시키는 데 큰 힘이 된다.

know-how 유머를 잘 구사하는 방법

★ 자신이 말하고자 하는 논점을 반어적으로 표현하면 상대나 청중으로부터 웃음을 자아낼 수 있다. 반어적인 표현을 재미있게 구사할 수 있도록 연습하라.

★ 유머에 관한 책을 탐독하고 자신이 활용할 수 있는 유머를 머리에 입력시켜라. 그리고 말의 흐름에 맞게 적기에 사용하라. 그렇게 반복적으로 하다 보면 입에 붙게 된다.

★ 유머는 마음에 여유가 있을 때 나온다. 여유는 사람을 너그럽게 하고

유대인들이 세계 곳곳에서 자신들의 역량을 과시함으로써 자타가 인정하는 세계 최고의 민족으로 인정받는 데는 유머의 힘이 절대적이었다. 그들은 조상 대대로 척박한 환경에서 유목민으로 살아왔다. 그들은 이민족들과의 경쟁에서 살아남아야 했기에 사람들과의 친분을 소중히 하고 인간관계에 잘 적용함으로써 오늘날의 이스라엘을 이룰 수 있었다. 그리고 그 지혜의 중심에는 유머가 있었다.

유머는 인간관계를 매끄럽게 이어주는 소통의 윤활유와 같다. 유머를 시의 적절하게 사용한다면 소통은 물론 대화와 논쟁을 하는 데 있어서도 큰 힘이 될 것이다.

촌철살인 화법의 키포인트

● 촌철살인적인 설득력은 비유를 통해 강하게 표출된다. 자신의 생각에 맞게 적절하게 하는 비유는 촌철살인의 설득력을 지님으로써 논쟁에서 좋은 결과를 얻게 한다.

● 느긋함의 화법은 대화와 논쟁 상대의 귀를 쫑긋하게 만들고, 청중의 눈과 귀를 자신에게 집중하도록 만든다. 빠르고 큰 소리의 말씨보다는 작고 느릿느릿한 말씨가 더 눈과 귀를 자극시키기 때문이다.

● 논쟁에 있어 유머러스한 위트는 논쟁의 분위기를 흥미롭게 고조시켜 자신의 주장을 자연스럽게 논쟁 상대나 청중에게 스며들게 함으로써 자신의 생각을 주입시키는 효과가 크다.

직설화법

04

날카로운 잽을 날리는 직설화법

대화나 논쟁에 있어 어느 방식이 옳고 그른지를 가리려고 하는 것은 지극히 잘못된 생각이다. 어느 방식이든 간에 각자가 자신에게 맞는 방법을 취하면 된다. 다만 대화나 논쟁의 본질에서 벗어나거나 품위를 떨어뜨리지만 않는다면 자신의 방식에 따라 얼마든지 대화를 하거나 논쟁을 벌여도 무방하다.

직설화법은 대놓고 소리치고 목소리만 크게 하여 자기 주장을 내세우면 되는 것으로 생각하기 쉽지만 절대로 그렇지 않다. 때때로 미소를 띤 채 단호한 어조로 또박또박 논리를 펼쳐도 좋은 효과를 낼 수 있다.

직설화법은 때로는 그 정도가 강렬하여 위태로워 보일 때도 있다. 그래서 직설화법을 구사하는 사람에게는 호불호가 분명하게 갈린다. 직설화법을 옹호하는 이들은 독설에 가까운 직설화법에서 카타르시스를 느낀다. 정치와 경제, 문화와 예술 등 사회적으로 논란이 되는 것들에 대한 비판에 대리만족을 느끼는 것이다. 반면에 질타하는 이들은 직설화법이 너무 독선적이라는 생각에서 오는 강한 거부감 때문에 이런 화법을 싫어한다.

하지만 직설화법도 때론 반드시 필요하다. 가슴을 시원하게 해주는 누군가의 직설화법이 편향된 국가정책이나 사회현상은 물론 삶의 모순적 행태를 날카롭게 지적하여 그것을 바로잡는 데 도움이 되기 때문이다.

직설화법이 갖춰야 할 핵심 포인트를 보자.

날카롭고 예리한 진정성

직설화법을 구사하는 사람은 우물쭈물하거나 눈치를 보지 않는다. 대화나 논쟁에 있어 상대가 자신의 생각과 다르다면 주저 없이 자신의 생각을 직설적으로 말한다. 그 말 속에는 예리함이 번쩍인다. 마치 얽힌 노끈을 금방이라도 칼로 자를 듯이 날카롭고 독하다. 막힘이 없이 자신의 생각을 쏟아낸다.

그런데 분명히 해야 할 것은 이런 날카로움에 진정성이 함께 담겨 있어야 한다는 것이다. 그렇지 않으면 대화와 논쟁의 상대는 물론 청중들도 인정하지 않는다. 직설화법은 글자 그대로 직설적으로 하는 말로, 그에 대한 분명한 근거가 뒷받침이 되어야 설득력을 지니게 된다.

시사평론가로 활발히 활동하는 진중권은 대표적인 직설화법의 소유자이다. 그의 화법은 다분히 인파이트적이다. 그는 권투 선수가 상대 선수를 코너에 몰아넣고 공격을 퍼붓듯 거침없이 밀고 나간다. 대화의 상대나 논쟁의 상대는 물론 청중이 숨을 쉬지 못할 만큼 거침이 없고 매우 저돌적이다.

진중권은 TV 시사 프로그램 토론에 출연하여 자신의 생각을 거침없어 쏟아낸다. 그는 최순실 게이트에 박근혜 전 대통령이 연루되었으며, 뇌물죄를 적용받아야 마땅함을 주장했다. 이는 언론이 하도 떠들어대서 누구나 짐작하는 일이지만, 그의 입을 통해 나왔을 때 더 큰 파괴력을 지니는 것은 논객으로서의 그의 캐릭터가 직설적이기 때문이다.

그는 박근혜 전 대통령이 차관과 수석을 보내 기업에서 '삥'을 뜯었으며, 양아치 짓에 방해가 되는 이들에게는 철저한 보복을 가해 그들을 사퇴시키고, 좌천시키고, 해고시키고, 구속시켰다고 말했다. 그리고 대통령이 일반 형사사건의 잡범처럼 군다고 비판했다. 그런데 감옥에 가는 것은 똘마니들뿐이고, 이들은 두목의 죄를 뒤집어쓴 대신 보상을 받는다고 꼬집었다.

진중권의 이런 말에서 보듯 그의 직설화법은 청중의 가슴을 통쾌하고 시원하게 하기에 부족함이 없다.

진중권의 직설화법 속에 담긴 날카로운 진정성은 그의 독설로 인해 빛을 발한다. 그가 목소리를 낮춰 나긋나긋하게 비판을 가한다면 그는 논객으로서의 가치를 상실하게 될 것이다. 직설화법으로 담아내는 그의 날이 선 말 속엔 진정성이 살아 있다. 이는 무엇을 말하는가? 이미 그는 직설화법 속에 담긴 날카로운 진정성으로 이 시대를 대변하는 논객으로 청중의 가슴속에 깊이 각인되었음을 의미한다.

진중권이 각종 토론에 주요 논객으로 참여하는 것은 '논쟁의 본질'을 잘 살리는 데 그가 최적격이기 때문이다. 그가 참여하는 토론은 열정과 냉정이 교차한다. 뜨거움과 서늘함은 논쟁을 논쟁답게 만든다. 그 중심에 진중권이 있는 것이다.

해박한 지식

직설화법은 자신감에서 나온다. 그러면 자신감은 어디에서 오는가? 그것은 풍부한 경험과 지식을 바탕으로 한다. '아는 것이 힘이다'라는 단순한 진리처럼, 다양한 부분에서 풍부한 경험과 해박한 지식이 있으면 내면 깊은 곳으로부터 자신감이 솟구쳐 오른다.

진중권은 어린 시절부터 다양하고 풍부한 독서로 무장한 준비된 논객이다. 그의 풍부한 독서량은 그가 뛰어난 논객이 되는 데 있어 밑거름이 되어주었다. 그는 독서를 통해 논객으로서의 힘을 키운 것이다. 생각의 힘, 논리의 힘, 글쓰기의 힘, 말하기의 힘 모두가 독서를 통해 길러진 것들이다.

예로부터 책을 많이 읽는 자를 이기기란 힘들다고 했다. 책은 자연과 인간, 철학, 문학, 사상, 예술, 과학, 의학을 비롯한 다양한 지식과 정보를 품고 있는 거대한 '앎의 보고'이다. 이러한 보고를 끊임없이 탐독한다는 것은 결국 자신 또한 살아 있는 보고가 된다는 것이다.

조선 초기의 정도전, 영남학파의 종조인 김종직, 그리고 조광조, 이이, 이황, 정약용, 박지원 등 논쟁의 중심에 섰던 인물들은 하나같이 자타가 인정하는 독서가들이었다. 그들은 책을 통해 삶의 법칙과 자연의 법칙과 우주의 법칙을 논하고, 인간의 문제와 사회의 문제와 학문의 가치를 논했으며, 주체가 되어 논쟁의 중심에 섰던 것이다.

어느 시대고 간에 논쟁은 반드시 있었고, 논쟁을 통해 발전을 지속할 수 있었다. 물론 지나친 논쟁으로 조선 말기엔 국력의 쇠퇴를 가져오는 불씨가 되기도 했지만 어쨌든 논쟁과 담론은 시대를 떠나 언제나 필요한 것이며, 사회의 흐름을 잡아주는 방향키와 같다.

여기서 한 가지 오해가 없었으면 하는 것은 조선시대의 대학자들을 논하며, 진중권의 위치를 동일시하려는 것은 절대 아니라는 것이다. 독서가 미치는 영향에 대해 설명을 하다 보니 독자들의 이해를 좀 더 확장시키기 위해 그들에 대해 논한 것뿐이다. 진중권의 지식의 깊이가 어느 정도인지는 세세히 모른다. 하지만 적어도 그는 독서를 통해 그 누구와 그 어떤 논제로 논쟁을 벌인다 해도 물러서지 않을 만큼 자신감에 차 있음을 볼 수 있다. 진중권은 늘 무엇인가 새로운 대화나 논쟁거리를 만들어내기 위해 공부한다는 생각이 든다. 그가 여러 분야의 책을 꾸준히 써내는 것을 보면 알 수 있다.

"널리 배우고 자세히 물으며, 깊이 생각하고 분명히 분별하며, 꾸준히 실천하라. 여기에 학문의 길이 있다."

이는 중국 남송의 사상가로 주자학을 완성한 주자朱子가 한 말이다. 공부를 해야 하는 이유와 어떻게 해야 하는지를, 그리고 학문의 목적과 도리를 잘 알게 하는 말이다. 특히 학문이란 옳고 그름을 판단하게 하는 힘을 기르는 것이라는 것을 알 수 있다. '분명히 분별하며'라는 말이 그것을 말해주는데, '분별'이란 '대상을 사유하고 식별하는 마음의 작용'을 말한다. 다시 말해 식별을 할 수 있는 마음을 갖추는 것이라고 할 수 있다. 사물의 옳고 그름을 식별하는 능력을 갖추기 위해서는 부단히 공부해야 한다.

대화나 논쟁에서 자신의 주장을 신랄하게 펼치는 힘은 곧 공부에 있고, 풍부한 경험과 해박한 지식이 뒷받침이 되어야 한다.

지는 것을 두려워하지 않는 마음

축구선수가 몸싸움하는 것을 두려워한다면 절대로 우수한 선수가 될 수 없다. 아무리 기술이 뛰어나다고 해도 상대 선수와 충돌할 걸 걱정한다면 자신의 실력을 제대로 발휘할 수 없다.

대화와 논쟁의 경우도 마찬가지다. 상대가 두려워서 하고 싶은 말도 제대로 못하고 피하기에만 급급하다면 뛰어난 논객이 될 수 없다. 축구선수가 부딪치고 넘어지는 일에 익숙해야 진정한 축구선수로 거듭날 수 있듯 논객 역시 마찬가지다.

진중권의 얼굴엔 부딪치고 넘어지는 것을 두려워하는 기색이란 찾아볼 수가 없다. 어느 누구와 맞장을 뜨더라도 이길 수 있다는 자신감이 넘친다. 어느 때는 그 정도가 지나쳐 눈살을 찌푸리게 할 때도 있지만 그것이 논객으로서의 그의 특징이자 매력이다. 그가 지나칠 만큼 담담한 것은 부딪치고 넘어지는 일에 익숙해진 사람만이 보일 수 있는 모습이다.

진중권은 토론을 할 때 강하게 압박을 가하며 논리를 펼쳐나간다. 마치 권투선수가 잽을 날리며 한 방을 날리는 듯한 기세다. 그런데 그 기세가 무척이나 저돌적이다. 코너에 몰아넣고 빠져나가지 못하게 밀어붙인다. 그러면 상대는 누가 되었든 당황하게 되고 반격을 가하려고 한다.

그러나 그는 틈을 주지 않는다. 어쩌다 상대가 그의 공격에서 빠져나와 반론을 제기하면 그는 상대를 화나게 만드는 반박의 화법을 펼친다. 말싸움을 걸어 상대가 무리한 말을 하게 만드는 것이다. 그러면 상대는 여지없이 그의 의도에 말려드는 것을 종종 볼 수 있다. 상대가 얼굴에 노기를 띠고 반박을 하면 그는 입가에 미소를 띤 채 상대의 반박에 적극 나선다. 그러면 청중이 볼 때 그가 유리한 입장에서 논쟁을 이끈다고 생각하게 된다. 상대가 화가 나 무리하게 말을 하게 만드는 반박의 직설화법은 그의 장기라고 할 수 있다.

쇼펜하우어는 《논쟁에서 이기는 38가지의 방법》에서 이렇게 말했다.

"반박과 말싸움은 상대방을 자극하여 상대방으로 하여금 자신의 주장을 과장되게 하게 만든다. 그러므로 반박을 통해 상대방을 자극하여 그 자체로 보면 그런대로 진실된 주장을 진실의 한계를 넘는 쪽으로까지 과도하게 끌고 가도록 유도할 수 있다. 그런 다음 상대방의 과장된 주장을 반박하면 마치 상대방의 원래의 명제까지도 반박한 것같이 보일 것이다."

쇼펜하우어의 말에서 보듯 반박과 말싸움은 상대를 자극하여

무리한 말을 유도하기에 매우 적합한 화법이다. 상대가 화가 나서 말을 무리하게 하게 되면 이렇게 말하면 된다. 쇼펜하우어는 이런 경우 이렇게 하라고 권고한다.

"나는 그 한도 내의 뜻에서 말한 것이지 그 이상의 뜻으로 한 것은 아니다."

그렇다. 진중권은 이런 직설화법을 잘 펼친다. 그가 이러한 논쟁에 익숙한 것은 상대의 마음을 읽고 그에 따라 대처함으로써 자신의 논리를 적극 펼칠 수 있는 자신감 때문이다.

이처럼 상대를 압박하며 상대가 화가 나 무리하게 말을 해대며 흥분하게 만듦으로써 자신의 의도대로 대화와 논쟁의 흐름을 끌고 갈 수 있는 것은 지는 것에 대한 두려움이 없기에 가능하고, 또 한편으로는 그런 만큼 자신이 있다는 것을 표명하는 것과 같다.

대화나 논쟁에서 지는 것을 두려워해서는 절대 자신이 유리하게 이끌지 못한다. 특히 논쟁은 논거를 바탕으로 하는 논리의 말싸움이다. 논쟁에서 이기려면 정확한 논거를 바탕으로 하여 두려움 없이 적극 논쟁을 펼쳐야 한다. 이런 점에서 지는 것을 두려워하지 않는 진중권의 직설화법은 매우 효과적인 화법이라고 할 수 있다.

직설화법을 구사하려면 내면의 진정성이 필요하다

이성적이고 논리적인 사람은 자신의 생각을 사리에 맞게 말하되 자신의 생각을 분명히 할 땐 직설화법도 서슴지 않는다.

직설적으로 말한다는 것은 때에 따라서는 거부감을 주기도 하고, 그로 인해 문제가 불거지는 경우도 종종 있다. 그런데 문제가 되는 요인은 말에 있기보다 태도에 있는 경우가 더 많다. 예의 없이 함부로 말을 하는 경우, 또 자신의 말과 다르게 행동할 때가 그러하다. 하지만 예의를 갖추고 말과 행동이 같다면 문제는 달라진다. 언행이 일치되어 자신이 하는 말에 걸림돌이 되지 않는다면 직설화법은 자신의 주장을 관철시키는 데 매우 효과적이다. 이를 잘 알게 하는 이야기가 있다.

김종직은 조선 전기의 문인이자 문신으로 성리학자, 사상가, 교육자이기도 했다. 그는 정몽주에서 길재로, 길재에서 그의 아버지인 김숙자에게로 이어진 학풍을 이어받아 크게 발전시킴으로써 영남학파의 종조가 되었으며 사림파의 시조가 되었다.

조선의 9대 임금인 성종은 김종직의 학문의 출중함과 올곧은 인품을 높이 평가했다. 그의 말이라면 어떤 말도 받아들여 시행할 정도로 그를 신뢰했다. 그에 대한 성종의 믿음은 대단했다.

성종이 김종직을 그토록 신뢰한 이유는 그의 학행일치에 있었다. 김종직은 학문을 행동으로 옮긴 대학자였다. 그는 성품이 강직하고 언행에 있어 한 점 흐트러짐이 없었다. 그는 옳고 그름을 분명히 하였으며 성종에게 직언도 서슴지 않았다. 성종은 그의

대화의 자신감을 높여주는 7가지 대표적인 화법

권고를 받아들여 경연에 빠짐없이 참석하였고, 전국 각지에 향교를 짓고 학문을 장려하였다. 그가 천거하는 제자들은 나라의 동량이 되었다. 임금에게 자신의 생각을 직설화법으로 말할 수 있다는 것은 매사에 그릇됨이 없었다는 말과 같다.

중국 한고조의 책사인 장량 또한 학문이 출중하고 인품을 갖춘 현자였다. 그는 언행에 한 점 부끄러움이 없었으며 그의 말 한마디는 유방에게 지혜의 근본이 되었고, 유방이 항우를 물리치고 한나라를 창건하는 데 큰 밑거름이 되었다. 장량은 옳고 그름이 분명하였으며 유방에게도 직설화법으로 말하곤 했다.

김종직과 장량의 경우에서 보듯, 임금에게 직언을 서슴지 않는다는 것은 그 자신의 언행에 문제가 없어야만 할 수 있는 일이다. 직설화법으로 말하는 것은 자신의 말과 행동에 결격사유가 없어야 할 수 있는 것이다.

"일침을 가하기 어렵다면 입을 꽉 다물어라."

조선 후기의 문신인 조관빈의 《회현집》에 나오는 말로, 하고 싶은 말을 상대에게 직설적으로 한다는 것이 얼마나 조심스러운지에 대해 잘 알게 한다.

이처럼 상대와의 대화와 논쟁에서 직설화법으로 말하기란 쉽지 않다. 자칫 오해를 불러일으킬 소지가 다분하기 때문이다. 그러나 상대에게 거부감을 주지 않고 직설화법으로 말할 수도 있다. 그러려면 상대가 충분히 납득할 수 있도록 논리를 갖춰 말하되 그 말에 대해 책임질 수 있도록 해야 한다.

그렇다. 자신의 생각을 직설화법으로 거침없이 말하기 위해서는 스스로가 자신의 말에 걸림돌이 되지 않아야 한다. 직설화법 속에 담긴 날카로운 진정성은 결국 스스로에 대한 믿음을 대화와 논쟁의 상대는 물론 청중에게 인식시키는 것이다.

know-how 진정성을 갖기 위해서는

★ 직설화법으로 자신의 주장을 펼친다는 것은 자신의 말과 행동에 부끄러움이 없어야 하는 것이다. 언행을 바르게 하고 옳고 그름을 정확히 하라.

★ 사리분별력이 분명해야 하고 자신이 한 말에 대해서는 책임을 질 수 있어야 한다. 매사에 책임감을 갖도록 몸과 마음을 닦아야 한다.

★ 예의를 바르게 하고 함부로 말하지 않도록 해야 한다. 아무리 훌륭한 주장도 예의를 벗어나 함부로 말하게 되면 가치를 잃고 만다.

대화와 논쟁에 있어 그냥 생각이 시키는 대로, 입에서 나오는 대로 말하는 것이 직설화법이 아니다. 직설적으로 말하는 데에는 그 말에 대한 책임이 따른다. 그런 까닭에 직설화법으로 말하는 것은 여간 조심스러운 일이 아니다. 자신의 주장을 직설화법으로 관철시키려면 논리를 충분히 갖추고 언행에 각별히 유의해야 한다.

대화의 자신감을 높여주는 7가지 대표적인 화법

해박한 지식을 갖춰라

그 어떤 대화나 논쟁에도 막힘없이 논객으로서의 역할을 다하기 위해서는 다양한 분야에 있어 충분한 지식을 쌓아야 한다. 짧은 지식으로는 대화나 논쟁에서 절대로 상대를 이길 수 없다.

특히 논쟁은 정확한 논거를 바탕으로 하여 논제에 대해 자신의 주장을 논리적으로 펼치는 것으로서, 논리에 따라 논쟁의 승패가 결정된다. 그런데 이때 논거가 되는 중요한 자료는 사실적인 것, 즉 팩트가 분명한 통계자료, 경험, 책, 신문, 뉴스 등이다. 뛰어난 논객은 논거 자료를 잘 활용할 뿐만 아니라 다양한 분야의 지식을 갖고 있어 어떤 논제에도 막힘없이 논쟁을 펼쳐나간다.

배움이란 단지 머릿속에 쌓아두는 장식품이 아니다. 배움의 진정한 의미는 적재적소에 맞게 지식을 활용하는 것이다. 그러니까 사회적인 문제든, 정치적인 문제든, 경제적인 문제든, 학문적인 문제든, 삶의 가치에 대한 문제든, 그 어떤 것일지라도 배운 것을 실천에 옮겨야 한다.

논쟁 또한 예외는 아니다. 논쟁은 지식을 바탕으로 하는 가장 활력 있는 지식의 실천 활동이라고 할 수 있다. 배움의 본질과 가치에 대해 《논어》의 〈공야장〉 편에 이런 말이 있다.

"무언가를 배우면, 그것을 실제로 해봄으로써 그 이치를 깨닫기 전까지 다른 공부를 시작하지 않는 사람이 있다. 그는 실천 없이 지식만 집어넣는 것은 단순히 지식욕을 만족시키는 놀이로 전

락할 수 있음을 아는 사람이다."

그렇다. 아무리 머릿속에 지식이 넘쳐난다 해도 실천적이지 않으면 아무런 의미가 없다. 많이 안다는 것은 결국 많이 활용함을 의미한다.

이런 관점에서 볼 때 많이 아는 사람이 대화나 논쟁에서 승리할 확률이 높은 것은 당연하다. 많이 알아야 자신의 주장을 논리에 맞게 펼쳐나갈 수 있고, 상대에게 질문을 던짐으로써 상대의 생각을 끄집어내어 그에 맞게 적절하게 대처하며 논쟁을 자신에게 유리하게 이끌 수 있다.

특히 질문을 통한 논쟁은 많이 아는 사람에게 유리하다. 알지 못하면 질문도 하지 못한다. 충분히 알아야 자신의 의도대로 질문을 할 수 있고, 상대가 어떻게 나오든 논점을 이끌어낼 수 있다.

쇼펜하우어는 이렇게 말했다.

"논쟁이 좀 엄격하고 딱딱하게 진행되는 상황에서 자신의 의견을 상대에게 제대로 분명하게 이해시키려면, 자신의 주장을 내세우고 그것을 상대에게 입증해야 하는 사람은 상대방을 향하여 질문하는 태도를 취해야 한다. 이것은 상대방의 입에서 직접 나온 고백들을 근거로 삼아 자신의 주장이 참됨을 입증하기 위한 것이다. 실제로 상대방에게서 받아내려고 하는 고백의 내용이 무엇인지 상대방이 눈치 채지 않게 하려면 느닷없이 이것저것 마구잡이로 질문하는 방식을 취하라. 이와는 반대로 상대방에게서 얻어낸 고백들을 토대로 하는 논증은 신속하게 하라. 왜냐하면 이해가 느린 사람들은 상대가 하는 말을 제대로 쫓아오지 못하고 또 논증 과정 중에서 있을 수 있는 오류나 허점을 파악하지 못하기 때문이다."

이와 같이 많이 아는 자가 질문을 던짐으로써 대화나 논쟁을 자신에게 유리하게 이끌 수 있다.

"아는 것이 힘이다."

영국의 철학자이자 에세이스트였던 프랜시스 베이컨Francis Bacon 이 지식의 효용성에 대해 한 말이다.

아는 것이 힘이라는 말은 오늘날과 같은 치열한 경쟁사회에서는 '삶'의 가치와도 같다. 대화나 논쟁에서든, 또 다른 어떤 상황에서든 많이 안다는 것은 그만큼 자신을 유리하게 이끄는 힘인 것이다.

know-how 논쟁에 필요한 지식을 쌓으려면

★ 논쟁에서 우위를 점하기 위해서는 다양한 분야에 대해 지식을 쌓아야 한다. 각 분야의 책을 꾸준히 탐독하는 습관을 들여라.

★ 시간이 나는 대로 각가지 강좌에 참석하여 새로운 지식을 길러야 한다. 시시각각 변화하는 사회적 흐름을 정확하게 인식하는 노력이 필요하다.

현대사회를 일컬어 '지식의 사회'라고 한다. 이는 오스트리아 출신의 현대 경영학의 권위자 피터 드러커Peter F. Drucker가 한 말로, 그의 말대로 현대사회는 갖가지 학문으로 무장한 지식의 덩굴숲과 같다. 날마다 새로운 학설이 발표되고, 새로운 물품들이 쏟아져 나온다. 이런 사회에서 살아가기 위해서는 배우지 않으면 안된다. 배워야 그 어떤 경쟁에서도 뒤처지지 않고 자신이 추구하는 삶을 살아갈 수 있다. 특히 논쟁사회인 현대사회에서 자신이 가치 있게 살아가기 위해서는 어떠한 논쟁에서도 자기의 존재가치를 확실하게 보여주어야 한다.

지는 것을 두려워해서는 안 된다

"이기는 군대는 우선 이겨놓고 싸운다. 패하는 군대는 우선 싸움을 시작하고 이기려고 한다."

이는 손자孫子가 한 말로, 경쟁에서 이기기 위해서는 마음으로부터 이겨야 함을 말한다. 마음으로부터 이기기 위해서는 그만한 실력을 갖춰야 한다. 그러니까 이것은 싸움에서 이기기 위한 정신력을 말하는 것이 아니라 이기기 위해 끊임없이 노력해야 함을

대화의 자신감을 높여주는 7가지 대표적인 화법

이르는 말이다.

역사적으로 볼 때 승자는 항상 이겨놓고 싸웠다. 한 번도 진다고 생각하지 않았다. 이순신 장군은 23전 23승, 승률 100%로 세계 역사상 전무후무한 기록을 세웠다. 이순신은 지는 것을 두려워하지 않고, 싸움에서 늘 승리를 거뒀다. 일본의 해군 제독 도고 헤이하치로는 이순신을 가장 존경한다고 고백했다. 그것은 단지 이순신이 전쟁 영웅이었기 때문만이 아니다. 그는 지덕체를 모두 갖춘 이순신의 인품, 뛰어난 전술, 용맹함, 그리고 늘 공부하는 자세와 인간애를 닮고 싶어 했다. 이순신은 한시도 게으름을 용납하지 않고, 두려워하지 않으며 이기기 위해 노력했다.

영국의 명장 넬슨 제독, 웰링턴 장군, 그리고 미국의 스탠턴 등 세계적인 명장들의 특징은 지는 것을 두려워하지 않았다는 것이다. 두려워하지 않는다는 것은 결국 이길 수 있다는 것을 의미한다. 그러니까 이미 이겨놓고 싸웠던 것이다.

이순신, 넬슨, 웰링턴, 스탠턴의 공통점은 지는 것을 두려워하지 않고, 이기기 위해 공격의 타이밍을 정확히 예측하고 적시에 공격을 했던 것이다. 이것이 세계적인 전쟁 영웅들의 싸움에서 이기는 논리이다.

대화나 논쟁도 마찬가지다. 대화나 논쟁을 두려워하면 차라리 대화와 논쟁을 하지 말아야 한다. 이기는 대화나 이기는 논쟁을 위해서는 이겨놓고 논쟁을 벌여야 한다. 이기는 논리는 대화나 논쟁도 마찬가지인 것이다.

또한 '공격이 최선의 방어'라는 말이 있듯, 대화나 논쟁에도 이 말은 유효하다. 다만 이것은 상대가 결정적인 약점을 보였을 때 더 빛을 발하게 된다. 그러니까 대화와 논쟁을 벌이다 상대가 틈을 보일 때 그 틈을 놓치지 말고 집중적으로 공격을 퍼부어야 한다는 말이다. 이에 대해 쇼펜하우어는 이렇게 말했다.

"상대방이 약점(틈)으로부터 도망치지 못하게 해야 한다. 이것은 건드린 상대방의 약점이 무엇인지 스스로 아직 잘 파악하지 못한 상태에서도 마찬가지다."

그렇다. 상대의 틈, 즉 약점을 잡아 집중적으로 공격을 퍼부으면 상대는 더 이상 버티지 못하고 전의를 상실하고 만다.

대화와 논쟁에서 이기기 위해서는 지식으로 자신을 철저하게 무장해야 한다. 그랬을 때 두려워하지 않게 된다. 나아가 늘 새로운 논쟁과 담론을 위해 자신을 철저하게 준비해야 한다.

know-how 두려움을 없애기 위해서는

★ 지는 것을 두려워하지 않기 위해서는 늘 배우고 익히고 나아가야 한다. 아는 것은 힘이다. 많이 아는 자가 이기는 법이다.

★ 논쟁에서 이기기 위해서는 철저한 싸움꾼이 되어야 한다. 다만 그것은 논리력으로 철저히 무장하는 것이다. 공격이 최선의 방어이자 최선의 논쟁술이다.

대화와 논쟁에서 이기기 위해서는 두려워하지 않는 마음을 가져야 한다. 두려움 없는 마음, 이것 또한 논쟁술이라고 할 수 있다. 아무리 많은 지식을 겸비하고 논리력을 갖췄다고 해도 실전에서 두려움을 갖게 되면 제 실력을 발휘하지 못한다. 완전한 논거를 갖추고 마음으로부터 이기고 대화와 논쟁에 임한다면 절대로 밀리지 않고 자신의 주장을 관철시킬 수 있다. 최선의 공격이 최선의 방어이자 최선의 방책인 것이다.

굿 메시지

직설화법의 키포인트

● 논쟁에서 직설화법으로 말하기란 쉽지 않다. 자칫 오해를 불러일으킬 소지가 있기 때문이다. 상대가 충분히 납득할 수 있도록 논리를 갖춰 말하되 그 말에 대해 책임질 수 있도록 해야 한다.

● 논쟁에서 막힘없이 논객으로서의 역할을 다하기 위해서는 다양한 분야에서 충분한 지식을 쌓아야 한다. 짧은 지식으로는 논쟁에서 절대로 상대를 이길 수 없다.

● 논쟁에서 지는 것을 두려워해서는 절대 자신을 유리하게 이끌지 못한다. 논쟁에서 이기려면 정확한 논거를 바탕으로 하여 지는 것을 두려워하지 말고 적극적으로 논쟁을 펼쳐야 한다.

유쾌한 화법

05

유쾌한 화법은 모두와 소통하게 한다

유머와 재치 있는 말은 청중에게 기쁨과 즐거움을 준다. 말하는 이 또한 사람들과 기쁨을 함께함으로써 행복과 보람을 느낀다.

이에 대해 니체는 다음과 같이 말했다.

"누군가에게 기쁨을 선사하는 행위는 자신까지도 기쁨으로 가득하게 만든다. 아무리 작은 일이라도 다른 사람을 기쁘게 할 수 있다면 우리의 양손에, 가슴에 기쁨이 가득할 것이다."

옳은 말이다. 재치 있는 유쾌한 화법은 대화나 논쟁에 있어 상대와 청중에게 유쾌함과 즐거움을 준다. 그래서 대화와 논쟁을 재미있게 이끌어냄으로써 자신의 생각을 효과적으로 전하게 된다.

사람들이 유쾌하게 말하는 사람을 좋아하는 것은 그런 사람에게는 거부감이 들지 않기 때문이다. 그리고 그와 함께하면 즐겁다고 여기게 된다. 그래서 유쾌한 화법을 구사하는 사람은 어디를 가든지 막힘이 없고 사람들과 유쾌하게 소통할 수 있다. 유쾌한 화법은 타고난 성격에 기인하는 것이지만, 노력에 의해 얼마든지 자신에 맞게 적용할 수 있다.

다음은 유쾌한 화법이 갖춰야 할 핵심 포인트다.

감성적 논리의 유쾌함

따뜻하고 감성적이면서 유쾌한 말은 정감이 넘친다. 그런데도 사람들의 마음을 강하게 잡아끄는 힘이 있다.

왜 그럴까? 큰 소리로 하는 말은 귀를 울리게 하지만, 유쾌하고 감성적인 말은 가슴을 울린다. 따라서 유쾌한 말은 공감력이 그만큼 더 크다.

유쾌하고 감성적인 말은 위로를 주고, 용기를 주고, 격려가 되어주는 참 좋은 말이다. 좋은 말은 그 어떤 선물보다도 사람을 기쁘게 하고 행복하게 한다.

중국 전국시대 조나라의 사상가 순자荀子는 다음과 같이 말했다.

"좋은 말을 남에게 베푸는 것은 비단옷을 입히는 것보다 따뜻하다."

그런데 한 가지 분명히 할 것은 유쾌하고 감성적인 말엔 감성만이 있는 것이 아니라 논리가 함께해야 한다는 것이다. 유쾌한 화법이 대화나 논쟁에서 강하게 어필하기 위해서는 그 말 속에 논리가 강하게 작용해야 한다.

말을 유쾌하게 하는 대표적인 사람으로는 유재석과 김제동을 들 수 있는데, 그들의 유쾌한 화법은 감성적인 논리와 조화롭게 어울림으로써 사람들의 가슴을 더욱 강하게 끌어당긴다.

감성적인 논리의 유쾌한 화법이 사람들에게 공감을 얻는 것은 무슨 이유에서일까? 이성적으로 접근하다 보면 대화 상대나 논쟁 상대는 물론 청중 또한 이성적으로 생각해야 한다. 그러나 이성보다는 감성이 더 빨리 생각을 흡수한다. 무슨 말이냐 하면, 이성은 사색이란 과정을 거쳐 공감대를 형성하지만 감성은 가슴을 통해서 공감대를 형성한다. 따라서 이성보다는 훨씬 빠르게 대화상대와 논쟁 상대, 청중을 공감하게 할 수 있다. 사람을 설득하여 자신의 생각에 공감하게 하는 데 있어 이성보다 감성이 더 효과적이라는 말이다.

이에 대해 폴 P. 파커는 "사람을 잘 다루기 위해서는 이성적인 설득보다 감정을 잘 이해하는 것이 필요하다"라고 했으며, 미국의 저명한 심리학자 데이비드 J. 리버만은 이렇게 말했다.

"결정의 90퍼센트는 감성에 근거한다. 그러므로 설득을 시도하려면 감성을 지배해야만 한다."

즉 감성이 이성보다 더 사람들의 마음을 움직인다는 것이다.

소신 있는 자기철학

소신이 있고 자기철학이 있는 사람은 같은 말을 해도 더 공감을 준다. 소신과 자기철학이 분명하면 대화나 논쟁에서 상대는 물론 청중에게도 깊은 신뢰를 줄 수 있다. 거기다 유쾌한 화법을 구사한다면 한층 더 효과를 배가시키게 된다.

소신과 자기철학을 갖추고 유쾌한 화법을 구사하는 대표적인 이로는 김제동을 들 수 있다. 김제동은 사회적 불평등이나 잘못된 정부의 정책, 사회적으로 불편한 진실에 대해 나름대로 소신 있는 언행으로 주목을 받곤 한다. 물론 그 일로 인해 직간접적으로 공중파 방송 출연정지를 당하는 등 제재를 당하는 억울함도 있지만 그는 전혀 개의치 않는다.

그의 소신 있는 말과 실천적 행동은 삶에 대한 확고한 자기철학과 주체성이 없으면 하기 힘든 것이다. 그는 '시민과 김제동이 함께하는 만민공동회'에서 탄핵소추를 당하면서까지 대통령의 미련을 버리지 못하는 박근혜를 향해 '내려오면 될 것을 가지고 왜 이렇게 사람을 고생시키는가', '어떻게 자기 피눈물을 알아달라고 얘기할 수 있겠는가', '양심이 있어야 할 것 아닌가' 하며 소신 발언을 쏟아냈다. 이처럼 그의 말은 거침이 없다. 그를 좋아하는 사람들은 그의 그런 점을 높이 산다.

그리고 그는 "친박은 해체하는 것이 맞고, 비박은 반성하고 물러나는 것이 맞다. 그래야 국민에게 면목이 서지 않겠는가. 몇 십년 된 정당이, 친박과 비박만 있고 친국민은 한 번도 없었다. 그런데 부끄러운 줄도 모른다"라며 여당으로서 친박이니 비박이니 편을 갈라 치고 박고 싸우는 작태에 대해 통쾌하게 일침을 가했다.

김제동은 국민들이 분노하고 원하는 바를 콕 집어서 마치 대변해주듯 신랄하게 말한다. 사람들은 누구나 자신들의 가려운 부분을 긁어주면 그 사람을 좋아하고 신뢰하게 된다.

김제동은 2009년 노무현 전 대통령의 노제 때 사회를 보고, 자신의 생각을 그때그때마다 피력하며 함께했던 사람들에게 깊은 인상을 심어주었다. 그 후 그는 자신이 불이익을 당하면서까지 자기철학을 담아 소신 있는 발언을 해오고 있다. 얼굴이 알려진 연예인으로서 자신의 생각을 기탄없이 말할 수 있다는 것은 어지간한 소신이 없으면 할 수 없는 일이다.

대화나 논쟁에 있어 정확한 논거를 통해 논리적으로 자신의 생각을 밝히는 것도 중요하지만, 소신과 자기철학이 함께하면 말의 진정성은 더욱 확장되고 신뢰성을 확보하게 된다.

뛰어난 유머와 해학

"'소리의 뼈'가 침묵일 것이라고 술회한 시인이 있었다. 김제동의 유머와 해학의 뼈는 무엇일까? 이것은 물 흐르듯 자연스럽지만, 문득 정곡을 찌르는 김제동의 어법의 비밀이기도 하다. 나는 그것을 통찰이라고 생각한다. 자신과 상대방에 대한 정확한 통찰 없이 어떻게 핵심을 찌르는 통쾌한 공감을 만들어낼 수 있겠는가. 더구나 우리 시대와 우리의 삶에 대한 진지한 고민과 공부 없이 어떻게 웃음 이후의 각성을 안겨줄 수 있겠는가. 김제동 유머의 뼈는 칼이다. 사람과 삶, 그리고 우리 사회의 핵심을 겨냥하는 촌철살인의 칼이다."

이는 김제동에 대해 살아생전 신영복 성공회 석좌교수가 한 말이다.

매우 적확한 지적이 아닐 수 없다. 평소에 필자 역시 그와 같은 생각을 해왔다. 유머와 해학은 그 시대의 눈과 귀가 되어 빛난다. 어느 시대든 유머와 해학은 반드시 있었다. 유머와 해학의 힘이 그 어느 말보다도 더 강하기 때문이다. 유머와 해학은 사람들의 가슴을 깊이 파고들며 사람의 뇌리에 강하게 작용한다.

김제동이 진행했던 프로그램이나 하고 있는 프로그램을 보면 재치 있는 유머와 순발력이 대단하다는 걸 느끼곤 한다. 신영복도 지적했듯이 흐르는 물과 같다. 한마디로 막힘이 없다. 누가 무슨 말을 하더라도 다 받아 넘기는 것은 물론 되받아치는 순발력은 타의 추종을 불허한다. 이런 말솜씨는 타고나야 한다. 말을 잘하는 것 역시 재능 가운데 하나다.

유머와 해학이 인간관계에 미치는 영향에 대한 예가 있다.

미국의 28대 대통령 우드로 윌슨Woodrow Wilson은 종종 유머로 주변 사람들을 미소 짓게 했다. 윌슨은 작가 마크 트웨인을 좋아해서 가끔 그가 유년 시절을 보냈던 마을을 거닐곤 했다. 그러던 어느 날 주민에게 물어보았다.

"톰 소여는 어느 곳에서 살았는지 알고 있습니까?"

"글쎄요, 잘 모르겠군요."

"그럼 허클베리 핀은 알고 있습니까?"

"못 들어본 이름이군요."

"아, 그래요. 그럼 얼간이 윌슨은 아는지요?"

"그럼요, 알다마다요. 나도 그 얼간이한테 투표를 했거든요."

주민은 그때서야 웃으며 이렇게 말했다. 그리고 그가 윌슨이라는 걸 눈치 채고는 이렇게 물었다.

"한 시간의 연설은 어느 정도의 준비가 필요한가요?"

"일주일 정도면 됩니다."

"그럼, 두 시간의 연설은요?"

"나보고 두 시간 동안 말하라고 하면 지금 당장이라도 시작할 수 있지요."

"그럼, 10분간의 연설은요?"

"그건 한 이 주일 정도는 준비해야겠지요."

월슨은 주민의 질문에 유머를 던지며 유쾌하게 말했다. 그가 미국 국민들에게 왜 인기 있는 대통령이었는지를 잘 알게 하는 일화다.

다음은 라이트 형제가 비행기를 처음 발명하고 시험 비행에 성공한 후 축하연을 할 때의 이야기다. 사람들은 그들에게 비행 소감을 말해달라고 했다. 형 월버는 자리에서 일어나 이렇게 말했다.

"여러분, 새 중에서 가장 잘 재잘대는 앵무새는 날기가 퍽 서툴지요. 잘 나는 새는 말이 없지요. 그러므로 저의 말도 이것으로 마칠까 합니다."

순간 폭소가 터지며 여기저기서 박수를 쳤다. 월버는 비행 소감의 기쁨을 이처럼 재치 있게 유머로 남겼다.

월슨이나 라이트 형제는 미국 역사상 큰 족적을 남긴 사람들이다. 그들은 개인의 뛰어난 능력 못지않게 유머와 해학이 뛰어난 사람들이었다. 그들이 지금도 존경받는 것은 그들의 뛰어난 업적에도 그 이유가 있지만 그들의 인간미 넘치는 유머와 해학이 한 몫했음은 두말할 나위가 없다.

감성을 파고드는 유쾌한 말

감성이란 '어떤 사람이나 특정 상황에 대해서 갖게 되는 정서적인 느낌'으로, 사람의 이성적 판단과 행동에 중요하게 작용하는 요소이다. 감성은 즐거움, 행복, 희망, 기쁨과 같은 포지티브Positive 감성과 화나고 우울함, 좌절과 공포 같은 네거티브Negative 감성으로 구분된다.

현대사회는 이성보다는 감성이 그 어느 때보다 중요하다. 시장성의 논리가 확고한 기업들이 생산성을 높이고 판매율을 높이기 위해 감성 마케팅에 주력하고 있다. 따라서 광고도 사람들의 감성을 자극하는 문구가 더 효과적이다.

사람의 마음을 움직이는 데 있어 감성만큼 좋은 것이 없기 때문이다. 정치와 경제, 문화와 예술에 있어 '감성'은 하나의 코드로 작용한 지 이미 오래되었다. 이는 우리나라를 비롯한 전 세계적인 현상이다. 기업의 CEO도 유쾌하고 감성적인 CEO가 더 큰 능력을 보인다.

"여자로, 외국인으로 태어났다면 그 누구보다도 더 영리해야 한다."

이 말을 한 사람은 인드라 누이Indra K. Nooyi 펩시코 회장이다. 그녀는 인도에서 태어나 대학을 나온 이방인으로, 쟁쟁한 백인 남자들의 숲을 뚫고 펩시코 최고의 자리에 올랐다. 펩시코 회장 자리에 앉은 그녀는 만년 2등이던 펩시코가 코카콜라를 누르고 1등을 차지하는 데 가장 큰 공헌을 했다. 펩시코가 코카콜라를 이긴 건

무려 100년 만의 일이었다. 펩시코로서는 일대의 혁신이었고 기적 같은 일이었다.

인드라 누이가 성공할 수 있었던 요인은 웰빙 바람에 따른 세계시장의 흐름을 정확히 예측하고, 건강음료와 식품 등의 분야로 사업을 다양화한 데 있었다. 하지만 그 무엇보다 감성적 마케팅을 살린 시장성의 논리를 잘 적용시킨 결과였다. 또한 직원들에게 일방적으로 지시를 내리는 것이 아니라, 가족과 같은 편안함과 유쾌함을 통해 끈끈한 유대감을 갖게 하는 감성적인 경영방식에 있었다.

인드라 누이는 직원들을 대할 때 먼저 다가가 따뜻하게 말을 걸고, 설령 실수를 하더라도 당황하지 않도록 감싸주었다. 회의를 진행할 때도 무겁고 딱딱할 수 있는 회의 분위기를 편안하게 만들어 직원들이 마음껏 아이디어를 낼 수 있게 했다. 직원들은 그녀를 어머니와 누나, 언니처럼 편하게 대하며 자신의 능력을 맘껏 펼칠 수 있었다. 인드라 누이는 대표적인 '감성지능형 리더십 CEO'로 평가받고 있다.

인드라 누이의 경우에서 보듯 유쾌하고 감성적인 말은 사람들의 마음을 즐겁고 편안하게 함으로써 공감대를 이끌어내고 좋은 결과를 만들어낸다. 감성적 논리의 유쾌한 화법은 이성적인 논리의 화법보다도 더 사람들을 매료시킨다.

감성적 논리의 유쾌한 화법이 남녀노소 할 것 없이 누구에게나 잘 먹혀드는 이유는 무엇일까? 이는 부드러움이 강함을 이기는 원리와 같다. 러시아의 작가 안톤 체호프Anton Chekhov는 이렇게 말했다.

"부드러운 말로도 상대를 설득하지 못하는 사람은 거친 말로도 설득할 수 없다."

이는 감성적인 말로 사람들에게 공감을 이끌어내야 하며, 그것이 이성적인 말보다 더 효과적이라는 것을 의미한다.

영국의 역사가이자 사상가인 토머스 칼라일은 다음과 같이 말했다.

"남을 설득하려고 할 때는 자기가 먼저 감동하고, 자기를 설득하는 데서부터 시작해야 한다."

이는 무엇을 말하는가? 자신을 감성적으로 만들라는 말이다. 자신의 정서를 감성적으로 만들고 유쾌하게 말하면 상대를 설득하는 데 효과가 크다는 의미를 내포하고 있다.

know-how 감성적으로 말하는 법

★ 자신이 감성적인 언어를 잘 표현하는 성격이라면 그것은 재능과도 같은 것이다. 늘 따뜻하고 부드럽게 말하도록 습관화시켜라.

★ 같은 말도 더 따뜻하게 하고, 상대의 실수도 부드러운 말로 다독여주도록 노력해야 한다. 사람들이 감동하는 것은 크고 빛나는 것에 있는 것이 아니라 사소한 것에 있다. 사소한 일에 더 감성적일 수 있어야 한다.

★ 말을 할 때는 미소를 지으며 밝은 목소리로 말하라. 밝은 목소리는 사람들의 귀를 즐겁게 한다. 유쾌한 말 한마디가 사람을 기분 좋게 하고 마음의 경계를 풀어 나의 말에 귀를 기울이게 한다.

미국의 전설적인 백화점 왕으로 길이 남은 존 워너메이커나 〈오프라 윈프리 쇼〉를 진행하며 자신의 인생을 활짝 꽃피운 오프라 윈프리. 이들은 유쾌하고 감성적인 화법의 달인이다. 서점 점원이었던 워너메이커는 따뜻한 성품과 유쾌한 감성으로 성공을 일구었으며, 오프라 윈프리는 편안하고 유쾌한 감성적인 화법으로 시청자들을 감동시킴으로써 토크쇼의 전설이 되었다.

소신 있는 자기철학

손석희가 함축되고 절제된 화법을 지녔다면 김제동은 감성적 논리의 유쾌한 화법을 지녔다. 다시 말해 그는 자신의 소신을 유쾌한 화법으로 표현한다. 이는 성격에 기인하는 것이다. 손석희가 단정하고 냉철한 이성을 지녔다면 김제동은 유머와 따뜻한 감성을 지녔다. 이런 성격의 차이는 화법에 있어서도 그대로 나타난다. 이 둘 중 어느 것이 더 효과적이라고는 말할 수 없다. 둘 다 그만의 장점이 있기 때문이다. 김제동이 가진 감성적 논리의 유쾌한 화법은 딱딱하고 골치 아픈 문제나 사회적 이슈, 잘못된 정부의 정책 등을 비판할 때 유머로 녹여낸다는 장점이 있다. 그리고 그의 말에는 자기철학이 담겨 있다. 그가 소신 있게 말할 수 있는 것은 자기철학이 분명하기 때문이다.

청중은 그의 말을 웃으면서 듣고 있지만 그 말이 청중에게 미치는 영향은 의외로 크다. 그는 청중으로 하여금 공감하게 하고, 평소에는 그냥 지나치던 사회적 문제에 귀 기울이게 하고, 국민의 한 사람으로서 자신의 목소리를 내게 만든다. 이것이 논객의 힘이다. 뛰어난 논객은 자신의 생각을 청중에게 공감시키고 의식있는 국민으로 깨어나게 만드는 커다란 영향력이 있다.

뛰어난 연설가이자 논객인 버락 오바마도 강력한 스피치를 지닌 것으로 유명하다. 그의 화법은 한마디로 유쾌하고 정확하다. 딱 부러지는 그의 말 한마디 한마디에 미국 국민들은 열광했고, 그의 확고한 국정철학은 소신으로 무장되어 국민의 공감을 이끌어냈다. 거기다 그가 툭툭 던지는 유머는 청중의 가슴에 웃음꽃을 피웠다. 그가 뛰어난 연설가이자 논객인 이유는 바로 여기에 있다.

유쾌한 화법이라는 공통점이 있으나 김제동이 오바마와 다른 점은, 그의 화법은 감성적이며 나긋나긋하다는 것이다. 오바마는 대통령으로서 대중연설에 강한 까닭이고, 김제동은 토크쇼에 맞춰진 스피치를 지니고 있기 때문이다. 김제동의 소신 있는 유쾌한 화법은 그에게는 잘 맞는 옷과 같고, 청중은 그의 말에 마음을 열고 유쾌하게 받아들인다.

자기철학이 있고 없고는 인생을 살아가는 데 많은 영향을 끼친다. 자기철학이 있는 사람은 소신이 분명하다. 그래서 허투루 말하고 행동하지 않는다. 자신만의 확고한 소신과 신념으로 자신이 추구하는 길을 간다.

"나는 생각한다. 고로 존재한다."

이는 프랑스의 수학자이자 근세 철학의 아버지로 불리는 데카르트René Descartes가 한 말이다. 이 말 속엔 포괄적인 철학적 의미가 내포되어 있다. 여기서 생각한다는 것은 자신의 존재를 인정하게 하는 생산적이고 창의적인 일이다. 생각은 곧 자신의 존재 가치를 스스로 인정하게 하는 행위이자 자기철학을 지니는 일이다. 생각하지 않으면 자기철학도 없고 자신의 존재도 그만큼 가치를 상실하게 된다.

자기철학을 갖는 것은 소신 있게 자신의 삶을 살아가는 데 바탕이 된다. 자신의 인생을 자신이 원하는 대로 살아가기 위해서는 소신 있는 자기철학을 길러야 한다.

know-how 자기철학 갖기

★ 자신만의 철학을 갖기 위해서는 주관이 분명해야 한다. 자신만의 원칙을 세우고 그 원칙에 맞는 자기 생각을 정립하여 실천에 옮겨야 한다.

★ 소신 있는 자기철학은 신념이 뚜렷하고 의지가 굳어야 한다. 강한 신

념과 의지는 자기철학을 기르기 위해 반드시 필요하다.

★ 자신의 생각을 논리적으로 체계화시켜야 한다. 그러기 위해서는 철학 서적을 비롯한 동서양 고전 등 다양한 분야의 책을 읽어야 한다. 책은 자신의 생각을 형성하도록 돕는 가장 훌륭한 스승이다.

자기만의 철학이 있을 때 말과 행동을 소신 있게 할 수 있고, 그로 인해 자신의 주장을 관철시킬 수 있다. 소신 있는 자기철학은 곧 그 사람의 품격이다.

뛰어난 유머와 해학

논객이 갖춰야 할 것 중 하나가 뛰어난 유머와 해학이다. 미국의 레이건 대통령이 어느 모임에서 있었던 일이다. 어떤 사람이 레이건에게 물었다.

"당신은 배우 출신인데도 대통령직을 잘 수행하는군요."

그러자 레이건은 미소를 머금고 이렇게 말했다.

"그거야 당연한 일 아닙니까. 배우이기 때문에 잘할 수밖에 없지요."

순간 장내는 박수와 함께 폭소가 터져 나왔다. 레이건은 전직 배우인데도 대통령직을 잘 수행한다고 말한 이의 삐뚤어진 생각

대화의 자신감을 높여주는 7가지 대표적인 화법

을 유머로 멋지게 한 방 날린 것이다. 배우가 아니라 그 어떤 직업을 가졌다 하더라도 능력만 있으면 대통령이 될 수 있지 않은가. 겉모습만 보고 그 사람의 능력을 평가해서는 안 된다는 의미가 담긴 이 이야기는 그래서 더 공감하게 한다.

미국 정치사에 전해져 내려오는 재미있는 이야기를 하나 더 보자. 리처드 닉슨이 워터게이트 사건으로 대통령직에서 물러나자 제럴드 포드Gerald Ford가 대통령직을 이어받았다. 포드는 대통령 취임식에서 이렇게 말했다.

"여러분, 저는 포드지 링컨이 아닙니다."

그의 말이 끝나자마자 청중은 우레와 같은 박수를 치며 큰 소리로 웃었다. 위트 넘치는 포드의 말엔 자기 존재감에 대한 확신이 잘 나타나 있다. 그의 이름이 자동차 포드와 발음이 같은 점을 들어, 자신은 포드지 링컨(값비싼 자동차)이 아니라고 말한 것이다.

유머와 해학은 곤란한 입장에 처했거나, 어떤 상황에 있어 반전을 꾀할 때, 자신의 존재가치를 분명히 할 때, 자신의 생각을 멋지고 유쾌하게 전할 때 사용하면 큰 효과를 거둠은 물론 자신의 가치를 알리는 데 큰 도움이 된다.

know-how 유머 있게 말하려면

★ 유머와 해학은 천성적으로 타고나야 하지만 같은 말도 재밌게 하도록

연습하라. 스피치 능력을 기르듯 유머와 해학 또한 연습으로도 얼마든지 연마할 수 있다.

★ 말을 재밌게 하는 사람을 유심히 관찰하여 그가 하는 대로 따라서 해보라. 말을 재밌게 하는 사람은 가장 좋은 교과서이다.

★ 재미있는 이야기를 수집하고 머릿속에 저장하여 상황에 맞게 활용하라. 처음엔 어색하고 어정쩡해도 자꾸 하다 보면 능숙하게 구사하게 된다.

대화나 논쟁에 있어 자신의 생각을 깊이 각인시키기 위해서는 상황에 맞는 유머를 시의 적절하게 사용하라. 분위기 반전을 꾀하거나 상대의 논리를 뒤집고 자신의 논리를 분명히 할 때 유머를 사용하면 큰 효과를 거둘 수 있다. 또한 곤란한 상황이나 위기의 상황을 극복하는 데도 유머는 큰 도움이 된다.

유머와 해학은 모든 말에 있어 '맛있는 말의 양념'이다.

유쾌한 화법의 키포인트

● 감성적이고 유쾌한 화법은 사람들의 마음을 움직이는 데 매우 적합하다. 사람들은 이성적인 것보다 감성적인 것에 더 빨리 반응한다. 이성은 사색의 과정을 거쳐야 하지만 감성은 즉시 가슴으로 스며들기 때문이다.

● 자기철학이 있고 없고는 인생을 살아가는 데 많은 영향을 끼친다. 자기철학이 있는 사람은 소신이 분명하다. 자신만의 철학을 가질 수 있도록 다양한 독서를 하고 사색하는 힘을 길러야 한다.

● 유머와 해학은 사람들의 마음을 훈훈하고 따뜻하게 해준다. 경직되고 딱딱한 분위기나 문제점도 한마디의 유머로 단숨에 날려버린다. 재밌는 이야기를 수집하고, 재미있게 말하는 사람을 교과서로 삼아 꾸준히 연습하라.

화통한 화법

06

가슴을 펑 뚫어주는 시원한 화법

요즘 흔히 말하는 '사이다 발언'이라는 것이 화통한 화법에 속한다고 할 수 있다. 속이 답답할 때 톡 쏘는 탄산음료 사이다를 마시면 시원함을 느끼듯, 사이다 발언 또한 답답한 가슴을 펑 뚫어주는 시원함이 있다.

화통한 화법 안에는 유머도 있고, 해학도 있으며, 단호함도 있고, 너스레도 있고, 또 솔직함도 들어 있다. 그런데 간혹 자신의 생각을 펼치기 위해 자기 자신을 망가뜨리는 화법을 쓰는 등의 경우, 플러스보다는 마이너스적인 영향이 크다. 그런데 이상하게도 화통한 화법은 듣는 사람들의 귀를 즐겁게 하고 속 시원하게 만든다.

다음은 화통한 화법이 갖춰야 할 핵심 포인트이다.

화통한 사이다 발언

화통한 화법은 듣는 사람들을 즐겁게 하고 가슴을 시원하게 해준다. 그것은 화통한 화법 속에 들어 있는 '언어적 표현'이 생생하게 살아 있기 때문이다. 같은 말도 어떻게 하느냐에 따라 듣는 사람이 받아들이는 입장 또한 다른 것은 바로 언어적 표현 때문이다.

화통한 화법을 잘 구사하는 이로는 노회찬을 들 수 있다. 그는 사이다 발언의 원조라고 불릴 만큼 시원하게 자신의 생각을 말한다.

노회찬은 같은 말도 시원시원하게 한다. 때론 거침이 없고, 때론 유머러스하다. 어떨 땐 그가 개그맨보다 더 개그맨 같다. 그래서일까, 그의 화통한 화법의 말을 듣다 보면 안 웃을 수가 없다. 그리고 웃고 나면 답답했던 가슴이 뻥 뚫린 듯 시원하다.

노회찬은 박정희 탄생 100주년이 되는 2017년에 그의 동상을 광화문에 세우겠다는 발상에 대해, 박정희 동상을 광화문 지하 100미터 아래 세운다면 동의한다고 말해 웃음을 자아냈다. 그는 또 반기문 총장이 대한민국 발전에 도움이 된다면 한 몸 불살라 노력할 용의가 있다는 말을 듣고는, 초 하나 불살라 보지 못한 사람이 어떻게 몸을 불사르느냐고 조크를 날렸다. "죄를 지었으면 무릎을 꿇고 석고대죄를 해야 할 당에서 대나무 회초리로 맞을까 박달나무 몽둥이로 맞을까, 나는 이걸로 맞겠다. 그렇게 얘기해서 되는 얘기인가"라며 총리로서의 황교안의 무능함을 꼬집어 말함으로써 사람들을 웃음 짓게 하기도 했다.

이처럼 노회찬의 화통한 화법은 때로는 유머러스하고 때론 단호하면서도 시원시원하다. 화통한 화법 속에 담긴 그의 사이다 발언은 청중을 대신해서 청중이 하고 싶은 말을 콕콕 집어 주장을 펼침으로써, 듣는 이들이 강한 카타르시스를 느끼고 그의 말에 깊이 공감하게 하는 것이다.

노회찬의 화통한 화법은 그의 생동감 있는 언어적 표현에 따른 것으로, 생기 넘치는 언어적 표현이 대화나 논쟁에서 얼마나 효율적인지를 잘 알게 한다.

이재명 또한 사이다 발언으로 사람들의 속을 시원하게 해준다. 그의 말은 때에 따라서는 노회찬보다 더 강하다. 그래서 어떤 때는 눈살이 찌푸려질 때도 있지만, 그래도 많은 사람들이 그를 좋아하는 것은 바로 그의 시원시원함 때문이다. 차기 정권 후보의 한 사람으로 부각될 만큼 그의 사이다 발언, 즉 화통한 화법은 대중에게 큰 영향력을 끼쳤다.

상황에 맞는 비유

대화와 논쟁을 하는 데 있어 상황에 맞는 논리적 비유는 대화와 논쟁의 재미를 주고, 논점을 분명히 하는 데 도움을 준다. 시詩에서 비유가 시적 표현을 끌어올림으로써 시를 이해하고 주제를 파악하는 데 도움을 주는 것과 같은 이치다. 시의 비유가 시적 의미를 확장시키듯, 대화나 논쟁에서의 비유도 대화의 의미와 논쟁의 의미를 확대함으로써 논점을 파악하는 데 큰 도움이 된다.

쇼펜하우어는 이렇게 말했다.

"아직 나름의 고유한 명칭이 없어 비근한 표현을 사용하여 비유적으로 지칭해야 하는 보편적인 개념을 놓고 논쟁이 붙었을 경우 주장을 펴는 데 유리한 비유를 신속하게 선택해야 한다. 말을 하는 사람들은 그 자신이 사물들에게 붙이는 명칭들을 통해서 자신의 의도를 미리부터 곧잘 드러내곤 한다. 그런 까닭에 한 사람이 '성직자'라고 말하면, 상대방은 '성직자 나부랭이'라고 말한다. 논쟁의 요령 중에 이 요령이 가장 많이 사용된다. 이것은 거의 본능적이라고 할 수 있을 정도다."

노회찬은 상황에 맞는 적절한 비유를 참 잘한다. 이는 언어적 순발력이 좋기 때문인데, 이로써 자신의 생각을 논쟁의 상대에게나 청중에게 전달하는 효과가 크다. 전 정권 당시 SNS를 규제하려는 움직임에 대해 그는 "세종대왕이 한글을 반포하여 백성 하나하나가 글을 갖게 되었는데, 그 글로 욕을 쓸까 봐 규제하는 것과 같다. SNS라는 뉴미디어를 통해 시민 하나하나가 방송국을 갖게 되었고, 그로 인해 지금까지 존재하지 않았던 전혀 새로운 '소통'을 이루고 있는데 그것을 규제하려 하는 것이다."라고 말했다. 그리고 이명박이 회고록에 금융위기를 4대강 사업으로 극복했다고 쓴 것에 대해서는, "4대강이 나일강, 인더스강, 황하, 티그리스 유프라테스 강인가"라고 하며 재치가 빛나는 비유적 표현으로 촌철살인적인 비판을 가했다.

전원책 또한 상황에 따른 절묘한 비유를 잘한다. "누런 황태나 버쩍 마른 북어나 퍼등퍼등 살아 있는 생태나 명태인 것은 똑같다. 그 인간들이 그 인간들이라는 얘기다." 이는 새누리당 거취 문제에 대해 그가 한 말로, 생동감 넘치는 표현으로 웃음을 자아낸다. 그는 청중을 웃게 함으로써 자신의 생각을 청중의 가슴에 스며들게 한다.

대화나 논쟁에서의 비유적 표현은 대화의 상대나 논쟁의 상대를 비롯해 청중들에게도 자신의 생각을 환기시킴으로써 쉽게 공감하게 만드는 힘이 있다. 상황에 맞는 비유는 가장 대표적인 논쟁술이라고 할 수 있다.

치밀하게 논리적인 자기확신

대화나 논쟁에서 상대를 이기기 위해서는 상대가 반박할 수 없도록 논리적이어야 한다. 분명한 논거를 제시하고, 자신의 주장에 대한 강한 확신으로 밀어붙여야 한다. 마치 촘촘하게 잘 짜인 카펫처럼 빈틈이 없어야 한다.

노회찬은 시골 아저씨 같은 외모에 걸걸한 목소리를 지녔지만, 겉모습과는 달리 치밀하고 상당히 논리적이다. 또한 자기확신이 강하다. 그가 토론을 할 때 전혀 밀리지 않고 자신이 하고 싶은 말을 쏟아내는 것은 강한 자기확신에서 오는 자신감에 의해서다. 자기확신이 자신감에 미치는 영향에 대해 에머슨은 이렇게 말했다.

"내 자신에 대한 자신감을 잃으면 온 세상이 나의 적이 된다. 자기확신이 성공의 제1의 비결이다."

그렇다. 자신감은 자기확신에서 오고, 자기확신이 강한 사람은 자신감이 넘친다.

치밀하게 논리적인 자기확신이 대화나 논쟁에 미치는 영향은 의외로 크다. 그렇다면 자기확신을 기르기 위해서는 어떻게 해야 할까? 첫째도, 둘째도, 셋째도 자신감이다. 강한 자신감은 두려움을 없애주고 무엇이든 해낼 수 있다는 생각을 갖게 한다.

포드자동차 창업주인 헨리 포드Henry Ford를 보자. 그는 처음 자동차 사업을 시작할 때 자금이 부족해서 애를 먹곤 했다. 하지만 그는 가능한 한 많은 현금을 수중에 갖고 있다가 투자자나 채권자가 오면 보란 듯이 책상에 현금을 쌓아두었다. 별다른 말을 하는 대신 얼마든지 사업을 성공시킬 수 있다는 자신감을 우회적으로 표출했던 것이다.

이 일화에서 포드의 치밀한 자신감을 엿볼 수 있다. 그는 자금이 부족한 상태에서도 돈이 없다고 쩔쩔매거나 죽는 소리를 하지 않았다. 그는 그것이 사업을 하는 사람이 해서는 안 되는 일이라는 것을 너무도 잘 알고 있었다. 그는 없어도 있는 척을 하는 방법을 택했다. 책상에 돈을 쌓아둠으로써 자신은 돈이 필요하면 이 정도는 충분히 확보할 수 있는 능력이 있다는 것을 보여준 것이다. 그러한 그의 생각은 투자자의 마음을 움직였고, 채권자에게는 자기를 믿어도 좋다는 확신을 주었다.

"당신이 열의를 가지면 다른 사람도 열정적으로 만들 수 있다. 내 안에 자신감을 키우는 방법도 마찬가지다. 자신감을 갖고 행동하면 다른 사람들로부터 신뢰를 받는다. 평범한 사람이 뛰어난 재능을 가진 사람보다 성공한 예는 얼마든지 있다. 그것은 자신감을 갖고 행동했기 때문이다."

이는 경영 컨설턴트이자 인간관계 전문가 레스 기블린이 한 말로, 자신감의 필요성과 역동성에 대해 잘 보여준다.

그렇다. 강한 자신감이 강한 확신을 불러일으키고, 사람들이 자신을 신뢰하게 만드는 것이다. 대화나 논쟁에서 자신감 있는 논리력이 중요한 것은 바로 이런 이유에서다.

사이다처럼 시원하게 톡 쏘는 말하기

각 사람마다 그 사람만의 화법이 있다. 부드럽게 말하는 사람, 싸우듯 말하는 사람, 상대를 가르치려는 듯이 말하는 사람, 화끈하게 말하는 사람, 논리적으로 말하는 사람 등 다 제각각이다. 이는 저마다의 성격에 따른 것으로 선천적인 영향의 결과라고 할 수 있다.

하지만 사람은 꾸준한 연습을 통해 자신이 원하는 화법으로 얼마든지 바꿀 수 있다. 영국의 수상을 두 번이나 지낸 윈스턴 처칠은 말을 더듬을 만큼 말을 잘하지 못했지만 꾸준한 발음 연습을 통해 자신의 더듬는 말버릇을 고치고 유명한 화법의 연설가가 되었다. 미국의 존 F. 케네디 또한 말을 잘하는 편이 아니었다. 그의 목소리는 파워가 없었고, 깊이도 없었다. 하지만 꾸준한 연습을 통해 열정적인 화법을 구사하며 미국 국민들의 가슴에 감동을 주는 연설가가 되었다.

이처럼 선천적으로는 말을 잘하는 편이 아니라 해도 반복하여 꾸준히 연습한다면 자신만의 뛰어난 화법을 갖출 수 있다.

화통한 화법은 대화나 논쟁에서 매우 효율적이다. 상대에게 거침없는 사람, 확고한 자신의 생각을 가진 사람으로 인식시킴으로써 두려움을 주고, 나아가 평정심을 잃게 만들 수 있다. 상대방이 화를 낸다면 그것은 감정적으로 격앙되었다는 방증이다. 화가 나면 사리분별력이 흐려지고 감정에 치우치게 됨으로써 비논리적으로 말하게 된다. 따라서 상대방이 화가 나도록 논쟁의 흐름을 유도해나가는 것도 하나의 기술이다.

상대에게 불리한 질문을 불시에 하면 상대는 대답을 하다 자신의 논리의 흐름에 말려들어 쩔쩔매게 된다. 그러다가 안 되겠다 싶으면 화를 내기도 한다. 일단 상대가 화를 내게 되면 그것은 그 사람 스스로에게 불리하게 작용한다. 앞에서 말했듯이 감정적으로 치우쳐 논점을 흐리게 하기 때문이다. 그래서 상대가 우물쭈물할 때, 바로 그때를 틈타 자신의 생각을 강하게 밀어붙이는 것이다. 그러면 상대방은 더 이상 자신의 주장을 펼치지 못하게 된다.

이에 대한 쇼펜하우어의 조언을 보자.

"상대방이 느닷없이 화를 내면 이 논거를 끈질기게 물고 늘어져야 한다. 상대방의 화를 돋우는 것이 유리할 뿐만 아니라 상대의 사고과정 중에 약점을 건드렸다고 추측할 수 있기 때문이다."

상대가 억지 논리를 펴게 되면 청중은 누가 바른 논리를 펼치고 있는지 곧바로 판단하고, 그가 논쟁에서 이겼다고 생각할 것이다. 객관적인 입장에서 바라볼 때는 누가 옳은지 분명히 알 수 있기 때문이다.

화통한 화법의 사이다 발언을 통해 자신의 논리를 성공적으로 펼침은 물론 청중의 가슴을 시원하게 만드는 것, 그것이 대화나 논쟁을 승리로 이끄는 비결이다.

know-how 사이다 발언의 노하우

★ 같은 말도 화통하게 하면 듣는 사람은 시원함을 느낀다. 사이다 발언을 할 때는 자신의 논리를 명쾌하게 드러내라.

★ 자신감을 길러 당당하게 말하라. 자신감 없이 하는 말은 아무리 내용이 좋더라도 공중으로 날리는 티와 같다.

★ 자신의 논리 핵심을 유머러스하게 말하라. 유머는 청중의 귀에 닿는 순간 미소를 짓게 하고 가슴을 시원하게 만든다.

화통한 화법의 사이다 발언은 귀에 쏙쏙 들어온다. 위의 세 가지를 익힌다면 대화에 있어서나 논쟁을 벌일 때 큰 도움이 될 것이다. 사람들은 보편적인 것보다는 개성적이고 특색 있는 것에 더 관심을 집중하는 경향이 있기 때문이다.

상황에 맞는 비유는 의미를 선명하게 만든다

비유는 시나 동시 또는 에세이 등에서 많이 사용되는 표현법이지만, 말을 할 때도 비유는 매우 효과적이다. 비유는 어떤 사물이나 현상을 그와 비슷한 다른 사물이나 현상에 빗대어 표현하는 것으로서, 의미의 전달을 보다 선명하게 해준다. 또한 표현에 예술미를 더하기도 한다.

이에 대해 영국의 시인이자 비평가인 흄Hulme은 그의 저서《예술철학》에서 이렇게 말했다.

"언어가 우리의 말하려는 것을 적확하게 전달하려고 들지 않기 때문에 그것을 될 수 있는 한 적확하게 전하려고 독창적인 표현방법을 생각하여 내게 된 것이다. 이것이 곧 비유다."

그렇다. 같은 뜻도 비유를 쓰면 더 새로워지고, 색다른 느낌을 주어 표현의 효과를 높이게 된다.

비유는 대화와 논쟁에도 중요하게 작용한다. 대화와 논쟁에서의 비유는 자신의 생각과 논리를 선명하게 해주고, 상대에게도 청중에게도 깊은 공감을 이끌어내는 데 큰 도움이 된다.

노회찬의 비유를 통한 논리는 타의 추종을 불허한다. 그의 비유는 자신의 논리에 의미를 덧붙여, 듣는 사람들의 귀를 즐겁게 하고 선명하게 한다. 그리고 나아가 공감하게 만든다.

비유를 잘한다는 것은 언어의 순발력이 좋고, 창의성이 좋다는 말이다. 노회찬의 상황에 맞는 비유는 다른 논객들에 비해 큰 장점이라고 할 수 있다. 그의 논쟁을 즐기고 그를 지지하는 사람들은 그가 가진 이 장점 때문이라고 해도 과언이 아닐 것이다.

know-how 상황에 맞는 비유의 능력을 기르려면

★ 시를 많이 읽고 비유적 표현에 대해 공부하라. 비유가 입에 배고 머리에 입력이 되도록 꾸준히 읽고 또 읽어라.

★ 비유를 잘하기 위해서는 언어의 순발력을 높여야 한다. 그러기 위해서는 멋진 표현을 노트에 적어 수시로 활용하라. 처음엔 어색해도 자꾸 하다 보면 좋은 효과를 보게 된다.

★ 비유를 잘한다고 해도 논쟁의 상황을 정확히 파악하지 못하면 적합한 비유를 구사하지 못한다. 비유를 잘 쓰기 위해서는 상황을 정확히 파악하는 능력을 길러야 한다.

비유는 대화와 논쟁의 흐름을 자신에게 유리하게 이끌 수 있을 만큼 매우 중요한 요소라고 할 수 있다. 위의 세 가지를 꾸준히 익히기 바란다.

대화의 자신감을 높여주는 7가지 대표적인 화법

상대를 제압하려면 자기확신이 필요하다

대화나 논쟁에서 상대를 이기기 위해서는 논리를 치밀하게 펼쳐나가야 한다. 상대 또한 이기기 위해 자신의 생각을 뒷받침해 줄 논거를 내세우고 논리를 펼칠 것이 분명하기 때문이다.

상대를 이길 수 있는 방법은 상대보다 더 나은 논거를 제시하고 논리의 우위를 확보하는 것이다. 그리고 무엇보다 중요한 것은 자기확신이 있어야 한다. 자기확신이란 스스로를 믿는 마음이다. 자기확신이 강한 사람이 신념 또한 강한 것은 신념은 자기확신을 높여주는 실현의 의지이기 때문이다.

대화나 논쟁에서 자기확신이 강한 사람이 우위를 확보할 수 있는 이유가 바로 그것이다. 자기확신이 강한 사람은 자신의 신념을 현실로 이루기 위한 의지가 강하기 때문에, 어떤 경우에라도 자신의 뜻을 관철하려 한다. 그런 까닭에 자신을 뻔뻔스럽게 하는 일도 마다하지 않는다. 물론 그 뻔뻔스러움은 상대의 인격을 무시하고 토론에서의 예의를 지키지 않는 것을 말하지는 않는다.

쇼펜하우어는 자신의 저서 《논쟁에서 이기는 38가지의 방법》에서 이렇게 말했다.

"상대방에게 다음처럼 뻔뻔스런 공격을 가할 수도 있다. 상대방에게 많은 질문을 던져 그에 대한 대답들을 얻어낸 다음 자신이 의도하는 결론에 유리한 대답이 상대방의 입에서 아직 나오지 않은 상태에서도 자신이 이끌어내고자 하는 결정적인 명제를— 이 명제가 상대방의 지금까지의 답변으로는 도출해낼 수 없음에도 불구하고 — 이로써 마치 증명된 것처럼 제시하고 의기양양한 태도를 취하는 것이다. 상대방이 소심하거나 지능이 떨어지고, 또 자신이 지극히 뻔뻔스런 성격과 큰 목소리를 가지고 있을 경우 이 방법은 잘 먹혀들어갈 수 있다. 이 요령은 근거가 될 수 없는 것을 근거로 가정함으로써 행하는 기만에 속한다."

뻔뻔스러움 또한 하나의 화술이며 논쟁술이라고 할 수 있다. 대화나 논쟁에서 이기기 위해서는 약간의 뻔뻔스러움을 통해서라도 자신이 의도하는 대로 대화와 논쟁을 펼쳐 상대를 자신이 의도하는 대로 이끌어내야 한다. 상대는 자신의 의도가 아닌 상대의 의도대로 이끌려 간 것에 대해 심리적으로 흔들릴 수밖에 없다.

know-how 확고한 자기확신을 가지려면

★ 상대를 자신의 논리대로 이끌기 위해서 약간은 뻔뻔스러워도 좋다. 다만 상대를 인신공격하는 것은 절대 금물이다. 상대는 자기가 밀린다는 생각이 들면 감정에 치우쳐 논리를 제대로 펼치지 못한다. 이를 적극 활용하는 연습을 하라.

★ 자기확신을 강화시켜야 한다. 스스로를 믿고 논거에 의해 논리를 펼치면 상대를 제압할 수 있는 강한 자신감이 생긴다. 자신감은 곧 승리에 대한 의지 표현이다.

★ 치밀하게 논리를 펼치기 위해서는 정확한 논거를 확보해야 한다. 논거가 분명치 않으면 뻔뻔스러움도, 자기확신도 잘 먹히지 않는다. 스스로에 대한 믿음과 신뢰가 떨어지기 때문이다.

치밀하게 논리적인 자기확신을 대화나 논쟁에 잘 적용시킨다면 그 어떤 논제의 논쟁에서도 결코 밀리지 않을 수 있다. 스스로를 믿는 것만큼 자신감을 주는 것은 없기 때문이다. 위의 세 가지를 실제에서 능숙하게 활용할 수 있도록 연습을 통해 몸에 배게 하라. 이것이야말로 대화나 논쟁에서 상대를 제압할 수 있는 가장 확실한 화법이다.

화통한 화법의 키포인트

● 화통한 화법은 듣는 사람들을 즐겁게 하고 가슴을 시원하게 해준다. 그것은 화통한 화법 속에 들어 있는 '언어적 표현'이 생생하게 살아 있기 때문이다.

● 대화나 논쟁에서의 비유적 표현은 상대방이나 청중에게 자신의 생각을 환기시킴으로써 쉽게 공감하게 만드는 힘이 있다. 비유는 자신의 논리를 선명하게 해주기 때문이다.

● 대화나 논쟁에서 치밀하게 논리적인 자기확신이 미치는 영향은 의외로 크다. 정확하고 치밀한 논거로 상대를 강하게 밀어붙여 압박하면 상대는 기가 꺾이게 된다. 틈을 보이지 않는 치밀한 자기확신 또한 좋은 화법의 요소라고 할 수 있다.

질문화법

07

논객으로서의 진가를 보여주는 질문화법

대화와 논쟁을 잘하기 위해서는 준비가 충분히 되어 있어야 한다. 특히 논쟁에 있어서는 논쟁술의 요소를 잘 갖춰야 한다. 논쟁의 주요 요소로는 화법, 설득력, 논리성, 논거論據, 예의, 풍부한 경험과 지식을 들 수 있는데, 논쟁술의 요소가 유기적으로 작용하게 되면 상대와의 논쟁에서 이길 확률을 높여준다. 특히 화법은 그 사람의 성품과 논리성, 지식의 정도를 알게 하는 논쟁술의 절대적 요소로 논쟁에서 중요한 비중을 차지한다.

질문화법은 정확한 팩트와 논리에 따른 질문으로 듣는 사람에게 강한 확신을 심어준다. 때로는 냉철하게 또 때로는 뜨겁게 질문을 통해 자신의 논리를 펼침으로써 대화의 상대나 논쟁의 상대는 물론 청중에게 강하게 어필하는 화법이라고 할 수 있다.

질문화법을 구사하기 위해서는 자신만의 사상과 철학을 가져야 하고, 그 어떤 논제에도 막힘없이 논리를 펼칠 수 있어야 한다.

또한 논쟁에서 밀리지 않는 '말발'도 갖춰야 한다.

질문화법은 논객으로서의 진가를 발휘하기에 매우 적합한 특별한 화법이라고 할 수 있다. 다음은 질문화법이 갖춰야 할 핵심 포인트다.

예리한 송곳 질문

대화나 논쟁에서 상대에게 질문하고 그 답을 통해 자신의 생각을 펼치는 것 또한 효과적인 화술이자 논쟁술이라고 할 수 있다. 그런데 여기서는 상대에게 어떻게 질문하느냐가 관건이다. 질문에 따라 대화와 논쟁의 흐름이 영향을 받기 때문이다. 이때의 질문은 예리하면 예리할수록 좋다. 예리한 만큼 자신의 생각을 상대에게 강하게 펼치는 데 유리하기 때문이다.

질문화법으로 자신의 생각을 펼치는 논객으로 이철희를 들 수 있다. 그는 어떤 논제든 차분한 목소리로 조분조분 자신의 논리를 펼쳐나간다. 그의 목소리는 낮고 차분하지만 강한 설득력을 지니고 있다. 특히 그의 강점은 팩트를 바탕으로 한 연속된 질문으로 상대방을 당황하게 만들고 코너로 몰아넣어 한 방을 날림으로써 논쟁을 자신에게 유리하게 이끌어내는 것이다. 마치 권투시합에서 아웃복서가 링사이드를 돌며 빠르게 툭툭 잽을 날리다 상대가 틈을 보이면 번개같이 달려들어 훅을 날려 경기를 끝내는 것과 같은 화법이다.

이철희가 차분한 목소리로 강한 힘을 발휘하는 것은 정확한 팩트를 바탕으로 하여 상대가 빠져나갈 틈을 주지 않고 지속적으로 질문을 던지며 몰아가기 때문이다. 그의 계속되는 질문 공세에 상대는 반박을 하려다가도 제대로 자신의 생각을 펼치지 못한다. 이철희의 질문화법 속에 담긴 송곳 질문을 보자.

"국민의 목소리에 귀 기울이고 소통하겠다고 했는데, 세월호 유족과 따로 만난 적이 있습니까?"

"지금 우리 사회에 '세월호 참사' 유가족들만큼 고통받고 있는 약자들이 있습니까?"

"직접 만나는 게 그렇게 어려운 일입니까?"

이는 세월호 사건에 대한 대정부질문에서 이철희가 당시 총리였던 황교안에게 던진 질문의 요지이다. 이철희는 낮지만 강한 어조로 또박또박 질문을 퍼부었고, 총리는 더듬거리며 쩔쩔매는 모습으로 답변을 하느라 곤혹을 치렀다. 이철희의 단호한 질책에 어쩔 줄 몰라 하는 총리의 모습은 국민들의 가슴을 시원하게 해주었다.

질문화법에서는 예리한 송곳 질문을 지속적으로 던짐으로써 상대의 반박을 제지하고 자신의 주장이 옳다는 것을 입증함으로써 청중에게 깊은 공감을 심어줄 수 있다. 계속해서 송곳 질문을 받은 상대방은 당황하게 되고, 만약 사실을 은폐하는 상황이라면 그는 자신의 논리를 펼치는 데 있어 제약을 받는다. 사실이 아닌 것을 말한다는 것은 그만큼 양심에 반하기 때문이다. 예리한 송곳 질문은 질문화법에 있어서 매우 효과적인 요소라고 할 수 있다.

상대를 화나게 하는 전략

　상대를 화나게 만드는 것도 효과적인 논쟁술 중 하나다. 상대가 화를 낸다는 것은 반박을 하지 못하는 데서 오는 분풀이와 같다. 논쟁을 할 때 화를 내게 되면 바른 논리를 제대로 펼칠 수가 없다. 감정에 치우치다 보면 이성을 상실하게 되고, 논리에 허점을 보이게 되기 때문이다.

　"상대방을 화나게 만들어라."

　쇼펜하우어가《논쟁에서 이기는 38가지의 방법》에서 한 말이다. 이는 논쟁의 여러 기술 중 하나로, 실제로도 매우 유용하게 쓰이는 논쟁의 비법이다. 논쟁을 지혜롭게 펼치는 사람들 중엔 이를 전략적으로 이용하는 이들이 있다.

　이철희는 상대방을 화나게 만드는 논쟁의 비법을 잘 활용하는 사람 중의 하나다. 이에 대한 이야기를 보자. 이 또한 비경제부문 대정부질문에서 황교안 총리에게 질의하고 답한 내용이다.

　"총리에 취임한 이후 개각 때 국무위원 재청권을 행사했습니까?"

　"필요한 조치를 했습니다."

　"필요한 조치를 했습니까?"

　"필요한 조치를 했습니다."

　"어떤 조치를 했습니까?"

　"법에 맞게 필요한 조치를 했습니다."

　"재청권 행사를 한 것에 대해 예, 아니오로 답변하지 못할 일입니까?"

"예를 들면……."

"예를 들지 말고 했습니까, 안 했습니까?"

"했습니다."

"어떻게 했습니까?"

"대통령과 제 사이에 있었던 말입니다."

"내용이 아니라 어떤 식으로 했습니까?"

"재청했습니다."

이철희는 하나하나 조목조목 따져 물었는데, 그 모습을 보는 사람들은 손에 땀이 날 정도였다. 숨 돌릴 틈조차 없이 몰아치는 그의 송곳 질문에 총리는 발개진 얼굴로 우물쭈물했고, 이는 보는 이들을 대리만족시키기에 충분했다. 대화나 논쟁에서 상대를 몰아붙이는 질문의 기술은 논쟁의 주도권을 가져오는 매우 효과적인 방법이다.

상대의 주장을 뒤집는 능력

대화나 논쟁에서 상대를 이기려면 상대의 주장을 뒤집을 수 있는 능력이 있어야 한다. 상대의 주장을 뒤집는 방법은 상대의 논거를 무력화시키는 것이다. 그러기 위해서는 정확한 팩트로 반론을 제기하며 압박을 가해야 한다. 이때 감정을 개입시켜서는 안 된다. 이성적으로 사실에 입각해 논리를 펼쳐야 한다.

상대의 논거를 뒤집고 자신의 의견을 따르게 할 때 대화와 논쟁에서 이기게 되는 것이다.

풍부한 지식으로 송곳 질문을 던져라

같은 논제에 대해 말을 해도 화법의 스타일에 따라 전달되는 논리의 강도는 큰 영향을 받는다. 가령 차분하게 자신의 생각을 밝혀도 발음이 또박또박 정확하고 단호하면 듣는 입장에서는 긴장을 하게 된다. 그러나 발음이 어눌하고 느슨하면 아무리 좋은 논리도 먹혀들지 않는다. 대화나 논쟁에 있어 목소리는 낮지만 차분하게 말하되 발음이 정확하고 단호하면 말과 논리의 강도를 높이게 됨으로써 대화와 논쟁을 유리하게 이끌게 된다는 말이다.

그러니까 목소리의 크고 작고보다는 화법의 스타일에 따라 대화나 논쟁은 많은 영향을 받는다. 목소리 큰 사람이 이긴다, 라는 말은 정말로 목소리가 큰 것을 말하는 것이 아니라 대화와 논쟁에서 밀리지 않는 화술과 논쟁술을 가진 사람을 말하는 것이다. 대개 이런 사람은 남보다 아는 것이 많고, 질문하기를 좋아하고 논리가 정연한 편이다.

이철희가 바로 이런 스타일을 가졌다. 그는 목소리는 낮지만 단호한 질문화법을 구사한다. 차분하지만 논거가 정확하고 빈틈이 없다. 거기다 상대를 당황하게 만드는 송곳 질문은 그의 질문화법을 더욱 단단하게 받쳐준다.

이철희가 상대에게 퍼붓는 질문은 매우 예리하다. 그의 질문은 한두 번으로 끝나는 것이 아니라 연속적으로 이어진다. 질문을 하는 쪽에서는 미리 질문에 대한 생각을 정리해놓아 상관이 없지만, 질문을 받는 입장에서는 무슨 질문을 할지 알 수 없는 상태에서 예리한 질문 공세를 받고 순간 당황할 수밖에 없다.

이철희의 질문이 먹히는 것은 정확한 자료를 근거로 하고 있기 때문이다. 많은 정보를 가진 사람이 그렇지 않은 사람보다 더 자신감을 보이는 것은 당연한 일이다. 노만 빈센트 필 박사는 이렇게 말했다.

"자신을 믿어라. 자신의 능력을 신뢰하라."

자신을 믿고 신뢰하기 위해서는 많은 것을 알아야 한다. 많이 알게 되면 자신감과 자존감이 높아져 자신을 믿게 되고 신뢰하게 되기 때문이다. 이철희의 질문화법 속에 담긴 송곳 질문은 바로 많은 것을 앎으로써 자신을 믿고 신뢰하는 데서 나오는 것이다.

know-how 송곳처럼 날카롭게 질문하기

★ 말을 서두르지 말고 또박또박 차분하게 하는 습관을 들여라. 그리고 말씨를 단호하게 하는 연습을 하라. 발음이 정확하고 말투가 또박또박 하면 당차보이고 강인한 이미지를 준다.

★ 대화나 논쟁에서 자신감은 매우 중요하다. 자신감을 갖게 되면 상대가 두렵지 않다. 자신감은 자신을 믿고 신뢰하는 데서 오는 당당한 마음이다.

★ 날카로운 질문을 통해 상대를 제압하기 위해서는 많은 것을 알아야 한다. 많이 알아야 다양한 질문을 하게 되고 상대를 제압할 수 있다. 풍부한 지식을 쌓도록 공부하라.

대화나 논쟁의 목적은 상대가 자신의 생각을 따르게 하는 데 있다. 대화나 논쟁에서 이기기 위해서는 위의 세 가지를 습관화하라. 질문은 곧 공격을 의미하는 것이다. 공격은 최선의 방어라는 말이 있듯, 송곳 질문은 자신을 상대의 논리로부터 지켜줌과 동시에 승리로 이끌어준다.

상대를 화나게 하라

이는 한마디로 '상대를 약올리는 전법'이라고 할 수 있다. 사람은 화가 나면 감정의 변화를 일으키게 된다. 지극히 이성적인 사람 또한 예외는 없다. 다만 감정의 변화가 크고 작고의 차이가 있을 뿐이다.

'논쟁'의 사전적 의미는 '서로 다른 견해를 가진 사람들이 말이나 글로 옳고 그름을 따지며 다투는 일'이다. 쉽게 말해 말싸움 또는 글싸움이란 뜻이다.

'싸움'에서 자신이 이기기를 바라는 것이 인간의 심리다. 인간이란 소유욕이 강한 동물이기 때문인데, 논쟁 또한 소유욕에서 출발한 정신적·심리적 싸움인 것이다. 대화든 논쟁이든 이긴다는 것은 곧 자기만족을 위한 것이다.

그렇다면 어떤 수단과 방법을 동원하여 대화나 논쟁에서 이기느냐가 관건이다. 다만 윤리적으로 벗어나거나 인격을 모독해서는 안 된다. 상대에 대한 최소한의 예의는 갖춰야 한다. 이런 기본적인 대화와 논쟁의 틀 안에서 최대한 자신에게 유리한 방법으로 이기면 되는 것이다.

대화와 논쟁에서 '상대를 화나게 하는 전략'은 어떻게 보면 윤리적 모순처럼 여겨질지도 모른다. 그러나 이는 상대를 인신공격하고 인격을 훼손시키는 것이 아니라 정당한 논쟁술에 따른 것이다. 다시 말해 질문을 통해서, 정확한 논거를 통해서, 심리적으로 상대를 압도하는 화법으로 상대에게 압박을 가하는 논쟁술이다.

상대를 화나게 하면 상대는 자신의 감정에 치우쳐 반론을 제시하지 못할 뿐만 아니라 제대로 논쟁을 펼치지 못하게 된다. 앞에서도 말했지만 화가 난 상태에서는 올바로 판단하거나 자신의 장점을 제대로 펼칠 수 없기 때문이다. 즉 감정에 사로잡히면 이성적 판단이 흐려지기 때문에 이를 잘 이용하면 논쟁에서 이길 수 있다.

이철희는 '상대방을 화나게 하는' 화법을 잘 구사한다. 그가 국정감사를 할 때나 각종 방송 토론 프로그램에서 보여준 논쟁을 관찰해보면 이를 알 수 있다. 그는 최대한 자신의 감정을 숨기고 논리를 펼친다. 그러면서 상대의 감정이 자극될 만큼 날카로운 송곳 질문을 던진다. 그가 지속적으로 상황에 따라 질문을 이어가면 상대는 대놓고 화를 내지는 못하지만 이미 감정선은 화火에 닿아 있다는 것을 알 수 있다. 이쯤 되면 결국 상대는 진 것이나 다름없다.

know-how 상대의 감정 변화를 노리는 방법

★ 상대의 인격을 모독하거나 비윤리적인 언행을 취해서는 안 된다. 이는 무시한 행위에 불과하다. 상대의 허점을 찾아 그곳을 집중적으로 공격하라. 사람은 자신의 허점을 공격당하면 심리적으로 위축되어 감정의 변화를 일으켜 이성이 마비되게 된다.

★ 상대가 내 질문으로부터 빠져나가지 못하도록 지속적으로 질문 공세를 퍼부어라. 사람은 계속해서 질문을 받게 되면 약이 오르게 되는데, 이를 적극 활용하라.

★ 자신이 상대방보다 우위에 있음을 은근히 과시하라. 자신이 상대보다 낫다고 과시하면 상대 또한 그렇게 하기 위해 과욕을 부리게 된다. 감정의 변화에 따른 과욕은 허점이 될 확률이 높다.

앞에서도 말했지만 대화나 논쟁의 목적은 이기는 데 있다. 그리고 그것은 곧 자기만족이다. 정신적인 만족은 엔도르핀을 크게

대화의 자신감을 높여주는 7가지 대표적인 화법

향상시킨다. 하지만 무엇보다 중요한 요점은 자신의 생각을 상대
와 청중이 받아들이게 만든다는 데 있다. 위의 세 가지를 마음에
숙지하여 적용할 수 있다면 대화와 논쟁을 게임하듯 즐기게 될
것이다.

상대의 주장을 뒤집는 능력을 길러라

대화나 논쟁을 하면 서로가 자신의 생각이 옳다는 것을
상대에게 인식시키기 위해 갖가지 화술로 논리를 펼치게 된다.
특히, 논쟁에서 상대를 공략하는 여러 가지 논쟁술 중에 '상대의
주장을 뒤집는 것'처럼 신나는 것은 없다. 이는 마치 씨름에서 상
대의 기술을 역이용하여 승리하는 것과도 같다.

씨름에서 상대가 기술을 걸고 들어올 때 상대의 기술과 힘을
역이용해 되치기하는 기술은 보는 사람의 탄성을 자아낸다. 이처
럼 논쟁에서 상대의 주장을 뒤집기 위해서는 상대의 논거를 뒤집
으면 된다. 즉 상대의 주장을 무력화시키는 것이다. 자신의 논거
가 상대보다 더 낫다는 인식을 심어주어야 한다는 말이다.

이에 대해 쇼펜하우어는 다음과 같이 말했다.

"상대방에게 멋진 타격을 주는 요령 중에 상대방의 논거를 뒤
집는 방법이 있다. 이것은 상대방이 이용하고자 하는 논거가 상
대방을 공격하는 데 더 적절하게 사용될 수 있는 경우이다. 예를

들어 상대방이 이렇게 말한다. '그는 어린아이입니다. 그러므로 그의 정상을 참작해주어야 합니다.' 이에 대한 역공은 다음과 같다. '바로 어린아이라는 그 이유 때문에 우리는 그를 따끔하게 혼내야 합니다. 그래야만 그가 그런 나쁜 버릇에 길들여지지 않을 테니까요.'"

상대의 주장을 반박하며 자신의 논거를 내세워 논리를 펼치는 논쟁술은 쉽지만은 않다. 그만큼 상대보다 논거가 더 정확해야 하고, 객관적으로 공감을 주어야 하기 때문이다.

상대의 주장을 뒤집는 논쟁술은 논쟁의 묘미를 한껏 끌어올리는 만큼 이를 잘 배워둔다면 사람들과의 대화나 논쟁에서 자신의 능력을 맘껏 발휘하게 될 것이다.

know-how 상대의 주장을 뒤집으려면

★ 상대의 주장을 뒤집기 위해서는 자신의 논거가 상대의 논거보다 더 나아야 한다. 그래야 객관적으로든 주관적으로든 상대를 제압할 수 있다.

★ 이 논쟁술은 하루아침에 길러지는 것이 아닌 만큼 각종 토론회가 담긴 동영상이나 자료를 통해 꾸준히 공부하고 입에 붙도록 익혀야 한다.

★ 대화나 논쟁에서 상대를 공략하기 좋은 방법은 상대의 빈틈을 찾아내

는 것이다. 허점은 논리의 취약성에서 온다. 어떤 논제도 막힘없이 논리를 펼칠 수 있도록 논리력을 길러라.

대화나 논쟁의 목적은 이기는 데 있다. 상대의 인격을 해치지 않고, 윤리적으로나 도덕적으로 어긋나지 않게 상대의 주장을 뒤집어 자신의 논리를 펼칠 수 있다면 대화를 즐겁게 하고 논쟁을 즐기면서 이길 수 있다. 그러기 위해 위의 세 가지를 잘 익혀두고 자신만의 화술과 논쟁술을 강화시키도록 하라. 그렇게 한다면 그 어떤 대화나 논쟁에서도 막힘없이 자신의 생각을 펼치게 될 것이다.

질문화법의 키포인트

● 대화나 논쟁에 있어 목소리는 낮지만 차분하게 말하되 발음이 정확하고 단호하면 논리의 강도를 높이게 됨으로써 논쟁을 유리하게 이끌게 된다. 거기다 날카로운 질문을 할 수 있도록 예리함을 갖춰야 한다.

● 논쟁에서 '상대를 화나게 하는 전략'은 어떻게 보면 윤리적 모순처럼 여겨질지도 모른다. 그러나 이는 상대를 인신공격하고 인격을 훼손시키는 것이 아니라 정당한 논쟁술에 따른 것이다. 즉 심리적으로 상대를 압도하는 화술로 상대에게 압박을 가하는 논쟁술이다.

● 상대의 주장을 뒤집는 좋은 방법은 상대의 논거를 무력화시키는 것이다. 차분하게 그리고 정확한 팩트로 반론을 제기하며 압박을 가하면 상대는 굴복한다.

CHAPTER 4

화법의
품격을 높이는
15가지
황금법칙

친절하게 말하고 행동하기

친절한 말은 이자가 붙어 되돌아온다

사람들과의 관계에서 친절한 말과 행동은 상대를 기분 좋게 한다. 기분이 좋아진 상대는 당신을 마음이 따뜻한 사람이라고 여겨 좋은 사이로 지내고 싶어 하게 될 것이다.

사람들이 친절하게 말하고 행동하는 사람을 좋아하는 이유는 무엇일까?

친절하고 친근감 있는 사람은 부드럽고 따뜻한 성품을 가졌다고 믿게 되기 때문이다. 그래서 그 사람과 함께하면 자신에게 많은 도움이 될 거라고 생각한다.

그리고 그 사람과 함께 있으면 늘 기분이 좋을 거라고 기대하게 된다. 생각해보라. 친절하고 친근감이 넘치는 사람이 당신과 함께할 때 당신은 어떤 기분이 들었는지를. 당신 또한 기분이 좋아지는 것을 느꼈을 것이다.

또 친절한 말은 인정이 많은 사람이라는 인상을 준다. 인정이 많다는 것은 곧 인간에 대한 사랑이 많다는 것이고, 사람들은 그런 사람을 절대 자신에게 해를 입히지 않을 사람이라고 믿는다.

친절한 행동이 한 사람의 인생을 어떻게 변화시키는지를 잘 알게 하는 이야기가 있다.

비가 내리는 어느 날, 다리가 불편해 보이는 한 할머니가 가구점을 기웃거리며 누군가를 기다리고 있었다. 어느 누구도 할머니에 대해 신경을 쓰지 않았지만, 가구점 점원은 밖으로 나와 할머니에게 말했다.

"할머니, 다리가 불편하신 것 같은데 밖에서 비 맞지 마시고 안으로 들어오셔서 비도 피할 겸 구경하세요."

하지만 할머니는 자신은 가구를 사러 온 게 아니고, 차를 기다리면서 구경을 하는 것뿐이라며 사양했다. 그러자 점원은 구경만 해도 괜찮다며 할머니를 안으로 모시고 들어와 비를 피하게 하고, 자기 자리에 앉아 편안히 기다리게 해주었다. 그리고 차번호를 적어서 몇 번이나 밖으로 나가 할머니가 기다리는 차가 오는지를 확인했다. 그는 차가 올 때까지 미소를 잃지 않고 친절을 베풀었다.

그 일이 있고 며칠 후 가구점 점원은 한 통의 편지를 받았다. 강철 왕 앤드루 카네기Andrew Carnegie의 친필이 담긴 편지였다.

"며칠 전 비 오는 날 나의 어머니께 귀 가구점에서 베풀어주신 호의와 친절에 먼저 감사를 드립니다. 이제부터 우리 회사에서 쓸 가구 일체를 당신에게 의뢰합니다. 고향 스코틀랜드에 큰 집을 짓고 있는데 그곳에 필요한 모든 가구도 당신에게 의뢰합니다. 다시 한번 감사를 드립니다.”

가구점 점원은 작은 친절로 인해 큰 가구점의 사장이 되었고, 커다란 부자가 되었다.

친절하게 말하고 행동하는 것만으로도 사람들은 그에게 관심을 갖게 된다. 그런 사람은 누구나 좋아하고, 그 친절은 자신에게도 그대로 돌아온다.

“친절한 말은 봄볕과 같이 따뜻하다.”

이는 러시아 속담으로, 친절한 말이 자신은 물론 주변 사람들에게 미치는 긍정적인 영향에 대해 잘 알게 한다.

“당신이 친절한 행동으로 남에게 베풀어주었던 유쾌함은 반드시 당신에게 되돌아오며 때로는 이자까지 붙어 되돌아온다.”

이는 애덤 스미스Adam Smith의 말로, 남에게 친절하게 행동하는 것은 결국 자기 자신을 위한 것이라는 의미다.

이처럼 친절한 말과 행동은 인간관계에 있어 반드시 필요한 소통의 윤활유라는 것을 기억하라.

친절하게 말하고 행동하면 스스로도 기분이 좋아진다는 걸 느끼게 된다. 친절한 말과 행동은 좋은 에너지를 주기 때문인데, 친절하게 말하고 행동하는 것은 상대를 기분 좋게 하는 일이지만 자신을 위한 일이기도 한 것이다. 친절하게 말하고 행동하는 것도 연습으로 몸에 배게 할 수 있다.

know-how 친절한 말과 행동 기르기

★ 표정은 되도록 더 밝게, 말은 부드럽고 친근감 있게 하라. 사람들은 표정이 밝고 부드럽고 친근감 있는 사람에게 호감을 갖는다.

★ 행동을 말에 맞게 취하면 말과 행동이 조화롭게 어우러져 더 큰 효과를 내게 된다. 말과 행동을 일치시켜라.

★ 미소를 지으며 말하면 한층 더 친절함과 친근함을 표현할 수 있다. 미소는 사람들의 마음을 열게 만드는 보디랭귀지다.

만일 당신이 인간관계에서 어려움을 느낀다면 무엇이 원인인지를 곰곰이 생각해보라. 그리고 그 원인이 파악되었다면 더 이상 망설이지 말고 고쳐야 한다. 물론 쉽지는 않을 것이다. 그러나 고치지 않고 내버려 두면 문제를 절대로 개선할 수 없다. 그 약점이 만일 친절하게 말하고 행동하는 문제라면 더더욱 개선해야만 한다.

언제나 친절하게 말하고 행동하는 습관을 들여라. 그렇게 하는 것만으로도 보다 품격 있는 화법을 구사하게 되는 것이다.

친절하게 말하고
행동하기 키포인트

- 표정은 되도록 더 밝게, 말은 부드럽고 친근감 있게 하라.

- 행동을 말에 맞게 취하면 말과 행동이 조화롭게 어우러져 더 큰 효과
를 내게 된다.

- 미소를 지으며 말하면 더 한층 친절함과 친근함을 표현할 수 있다.

인간관계를 끌어당기는
칭찬의 효과

02

칭찬은 대인관계를 부드럽게 만든다

칭찬은 누구나 기분을 들뜨게 한다. 큰 칭찬은 큰 칭찬대로, 작은 칭찬은 작은 칭찬대로 기분 좋게 만들어주는 것이 바로 칭찬이다. 칭찬은 고래도 춤추게 한다고 하지 않는가.

"우리는 칭찬에 반응하고 칭찬에 기뻐한다. 조련사는 동물들이 말을 잘 들을 때마다 쓰다듬어주거나 간식을 준다. 아이들은 칭찬을 받을 때 기쁨이 넘친다. 화초나 식물은 사랑해주는 사람이 있으면 더 잘 자란다."

이는 영적 치유를 목적으로 하는 미국의 유니티 빌리지_{Unity Village}를 창립한 찰스 필모어_{Charles Fillmore}가 한 말이다.

그런데 칭찬을 받으면 기분만 좋은 것이 아니다. 자신감이 상승한다. 그 무엇도 잘하겠다는 의욕이 샘솟는다. 칭찬의 효과에 대해 찰스 필모어는 이렇게 말했다.

화법의 품격을 높이는 15가지 황금법칙

"칭찬과 감사의 말은 에너지를 불러일으킨다. 칭찬은 몸이 약한 사람을 건강한 사람으로 변화시키고 두려운 마음을 평온하게 만들며 긴장된 마음을 차분하게 해준다."

그렇다. 칭찬을 받아본 사람은 이런 기분을 잘 알 것이다.

칭찬이 대인관계를 부드럽게 하고 긍정적으로 만드는 것은, 사람들을 기분 좋게 하고 무엇이든 잘해야겠다는 긍정의 힘을 주기 때문이다. 사람들은 자신을 칭찬해주는 사람을 좋아하고 그와 좋은 관계를 갖기를 바란다. 그리고 자신이 하는 일에 더욱 열정을 쏟음으로써 좋은 결과를 낳기도 한다.

포드자동차의 설립자인 헨리 포드는 직원들의 이름을 일일이 기억하고 직원들을 볼 때마다 자신이 먼저 "지미 씨!" "클린턴 씨!" 하고 직원의 이름을 부르며 인사했다. 그리고 작은 일에도 "역시, 당신은 최곱니다. 당신이 우리 회사에 있다는 게 참 자랑스럽습니다."라고 칭찬을 했다. 직원들은 사장이 이름을 불러주고 칭찬하는 것에 대해 자신이 대접받고 있다는 기분을 느꼈다. 그러자 자기를 진정으로 아껴주는 사장과 회사를 위해 최선을 다해 일해야겠다는 마음으로 열심히 하게 되었다. 그러자 놀라운 일이 일어났다. 포드자동차의 품질은 향상되었고, 그것은 판매로 이어졌다. 그 결과 포드자동차는 급성장할 수 있었던 것이다.

헨리 포드는 어떻게 하면 사람들이 기분 좋아하고, 그들의 능력을 끌어올릴 수 있는지를 잘 알고 있었다. 그는 회사 경영에 이를 그대로 실천함으로써 성공을 이뤄낼 수 있었던 것이다.

칭찬은 상대를 기분 좋게 할 뿐만 아니라, 그 사람의 능력을 끌어올리는 마법을 부린다. 성공적인 삶을 살아가는 사람들에게서 볼 수 있는 공통점 중 하나가 바로 '칭찬의 힘'이다.

사람은 칭찬을 듣는 순간 엔도르핀이 상승한다. 이때 발생하는 긍정의 에너지는 실로 대단하다. 불가능을 가능하게 하는 것 또한 칭찬의 힘인 것이다.

칭찬을 하면 상대만 기분 좋은 것이 아니다. 칭찬하는 사람 또한 기분이 좋아진다. 칭찬을 생활화한다는 것은 곧 자신의 삶을 긍정으로 이끌어내는 자기 격려의 비법인 것이다.

know-how 칭찬을 생활화하기

★ 상대방의 옷차림이나 액세서리 등으로 칭찬하라. 가령 "옷이 당신과 잘 매치가 되어 더욱 아름답군요" 하는 것만으로도 상대는 당신을 썩 괜찮은 사람이라고 여기게 된다.

★ 상대의 외모에 대해 칭찬하라. "오늘 헤어스타일이 참 멋지십니다"라든가 "오늘 당신의 얼굴이 더 예쁘군요" 하고 말한다면 상대는 하루 종일 기분이 좋을 것이다.

★ 상대의 장점을 들어 칭찬하라. "당신의 목소리는 언제나 나를 설레게

하는군요"라든가 "당신은 글 솜씨가 참 탁월합니다"라고 말하면 상대 또한 당신에게 칭찬을 아끼지 않을 것이다.

사람들과 좋은 인간관계를 맺음으로써 삶을 긍정적으로 살고 싶다면, 당신이 만나는 사람마다 칭찬거리를 찾아 칭찬을 아끼지 말아야 한다. 칭찬은 돈 들이지 않고 사람을 기분 좋게 하는 최선의 방법일 뿐만 아니라, 그 사람의 능력을 끌어올려 생산적인 결과를 낳게 하는 비법이다.

굿 메시지

칭찬의 효과 키포인트

● 상대방의 옷차림이나 액세서리 등으로 칭찬하라. 사람은 자신의 옷이나 물건에 대한 애착이 있어, 이를 칭찬하면 매우 기분이 좋아진다.

● 상대의 외모에 대해 칭찬하라. 그 어떤 것보다도 외모에 대한 칭찬은 더욱 상대를 기분 좋게 한다. 설령, 자신의 외모가 빼어나지 않다는 걸 알아도 칭찬의 말을 듣는 순간 기분 게이지 지수는 끝 모르게 상승한다.

● 상대의 장점을 들어 칭찬하라. 장점에 대한 칭찬은 상대의 좋은 점을 더욱 끌어올리게 만든다. 칭찬을 듣고 자란 아이가 더 좋은 능력을 펼치게 되는 것처럼 장점에 대한 칭찬은 상대에게 자부심을 갖게 한다.

상대의 말을
잘 들어주는 센스

03

경청은 배려의 대화법이다

말을 유창하게 잘하는 것만 말을 잘하는 것으로 안다면, 그것은 잘못된 생각이다. 남의 말을 잘 들어주는 것 또한 말을 잘하는 것이다.

경청, 즉 상대의 말에 귀 기울여 듣는 자세는 상대에게 나를 좋은 사람으로 인식시키는 가장 좋은 방법이다. 사람은 누구나 자신의 말에 귀 기울여 들어주는 사람을 좋아하고 그와 좋은 관계를 맺고 싶어 한다. 그런 사람은 속이 깊고 상대를 배려하는 마음이 있다고 여기기 때문이다. 그래서 남의 말을 잘 들어주는 사람은 인간관계가 좋다.

경청의 중요성에 대해 올리버 웬델 홈스Oliver Wendell Holmes는 이렇게 말했다.

"진심으로 공감하고 이해하는 태도로 상대의 말을 듣는 것이야말로 다른 사람들과 두루 사이좋게 지내고 평생 지속될 우정을 쌓아가는 데 가장 효과적인 방법이다. 요즘에는 이 기술을 연습하는 사람들이 점점 줄어드는 것 같다. 이 기술은 바로 경청하는 것이다."

홈스의 말에서 보듯 남의 말을 잘 들어주는 것이야말로 인간관계를 잘하는 매우 효과적인 방법이다.

경청의 중요성에 대해《탈무드》에는 다음과 같은 말이 나온다.

"인간의 입은 하나, 귀는 둘이다. 이것은 듣기를 배로 하려고 하는 것이다."

자신의 인생을 성공적으로 살았던 이들은 대개 남의 말을 잘 들어주었다는 공통점이 있다. 이에 대한 몇 가지 이야기를 보자.

탁월한 자기계발 동기부여가인 데일 카네기Dale Carnegie는 남의 말을 잘 들어준 것으로 유명하다. 한번은 바쁜 와중에도 어느 식물학자의 말을 끊을 수가 없어 끝까지 그의 말을 경청했다. 식물학자는 데일 카네기가 '말을 아주 잘하는 사람'이라고 소문을 냈다.

에이브러햄 링컨은 화가 난 참모의 말을 들어주는 것만으로도 화를 풀게 했고, 자신에게 관심을 갖고 대하는 이들은 그가 어른이든 아이든 그 누구라 할지라도 귀를 기울여 잘 들어주었다. 미국 국민들은 이런 링컨을 존경하고 좋아했다.

한 해군 제독이 건의할 일이 있어 프랭클린 루스벨트Flanklin Delano Roosevelt를 찾아왔다. 루스벨트는 그의 말은 조금 듣다가 곧바로 자신의 말을 늘어놓았다. 해군 장관을 지낸 자신의 경험을 풀어놓았던 것이다. 해군 제독은 루스벨트의 말을 다 듣고 나서 자리를 떠났다. 그러자 루스벨트는 그를 향해 말을 아주 잘하는 사람이라며 칭찬을 했다. 그 해군 제독이 루스벨트의 신임을 얻었음은 두말할 나위가 없다. 그는 미 해군 사상 첫 오성장군인 니츠미이다.

데일 카네기, 링컨, 니츠미 등의 일화에서 보듯 사람들은 자신의 말을 잘 들어주는 사람을 좋아한다. 그들은 남의 말을 잘 들어줌으로써 많은 사람들로부터 존경받는 성공적인 인물이 되었다.

남의 말을 잘 들어주는 것은 말을 유창하게 잘하는 것 못지않은 훌륭한 대화법이다. 대개의 사람들이 자신의 말을 잘 들어주는 사람을 좋아하는 것은 자신이 상대로부터 존중받는다고 여기게 되기 때문이다.

하지만 경청한다는 것은 생각보다 쉽지 않다. 사람들은 자신이 더 말을 많이 하려고 하는 습성이 있다. 상대보다 말을 적게 하면 자신이 상대보다 부족한 존재라고 생각되기 때문이다. 그러나 그것은 하나만 알고 둘은 모르는 일이다. 오히려 잘 들어줌으로써 상대로부터 존중받게 되고, 좋은 사람이라는 인식을 심어주게 된다.

남의 말을 잘 들어주는 것도 연습이 필요하다.

know-how 경청의 올바른 방법

★ 남의 말을 잘 들어주기 위해서는 자제력을 길러야 한다. 하고 싶은 말을 참고 들어주기 위해서 자제력은 필수 요건이다.

★ 남이 말을 할 때 공감하는 대목에는 "그렇지, 맞는 말이야", "좋은 생각이야"라는 말을 하거나 고개를 끄덕이며 공감을 표하라. 그러면 상대는 당신을 품격을 갖춘 멋진 사람이라고 여기게 된다.

★ 사람들과의 대화에서 상대가 말을 많이 하려는 경향이 보이면, 그가 더 많이 말할 수 있도록 양보하라. 상대가 당신의 배려를 알게 되면 그는 당신의 말 또한 경청하려 할 것이다.

상대의 말을 잘 들어주는 것만으로도 좋은 인간관계를 맺고 당신의 삶을 행복하게 할 수 있다. 또한 대화나 논쟁을 잘하기 위해서라도 남의 말을 잘 들어주는 태도는 필요하다. 남의 말을 잘 들어주는 것, 이것이야말로 최고의 대화법이다.

경청의 키포인트

● 상대가 말을 할 때 눈을 상대에게 맞추고 내가 당신의 말에 아주 관심이 많다는 걸 보여준다. 상대는 그것만으로도 무척 기분 좋아할 것이다.

● 상대의 말 중간 중간 "아, 그렇군요", "그래서요?"라는 말을 넣으면 상대는 자신의 이야기에 관심을 기울이는 것으로 알고 당신에게 호감을 갖게 될 것이다.

● 상대의 말 중간 중간 고개를 끄덕이거나 미소를 지어 보이면, 상대는 '내 얘기가 재미있나 보구나' 생각하며 더욱 신이 나서 말하게 되고, 당신을 매너가 참 좋은 사람으로 생각하게 된다.

간결하게 말하기

04

짧은 문장과 쉬운 단어가 힘이 있다

사람에 따라 말을 장황하게 하는 이가 있는가 하면, 핵심만 간단하게 말하는 사람도 있다. 말이 장황하면 듣는 사람 입장에서는 지루하고 거북해진다. 특히 바쁜 일이 있을 땐 곤혹스럽기도 하다. 그래서 말을 장황하게 하는 사람과는 되도록 말을 섞지 않으려고 피하는 사람들도 있다. 반대로 핵심만 콕 집어 말하는 것도 자칫 설명이 부족해진다는 문제가 있지만, 장황하게 하는 말보다는 훨씬 낫다.

가장 바람직한 것은 간결하게 할 말을 다 하는 것이다. 일목요연하면서도 간결하게 말하면 듣는 사람 입장에서는 쉽게 받아들일 수 있고 시간을 빼앗기지도 않을 수 있어 좋다. 말하는 사람의 의도도 충분히 보여줌으로써 말로 인해 생기는 오해도 막을 수 있다.

"간결하게 말하는 것이 상대에 대한 존중이자 예의이다. 요즘 핵심을 짚을 줄 아는 능력이 강점이 되는 추세이나 이 능력은 흔하지 않다. 그래서 오늘날 적시에 핵심을 짚어 간결하게 말을 할 줄 아는 사람들은 확연히 두드러진다."

뉘아주 블랑-상토르 이뎁의 리오넬 벨랑제 부사장이 한 말로, 간결하게 말하는 것이 예의에 있어서나 인간관계에 있어서도 매우 유익하다는 것을 잘 알게 한다.

"처칠, 당신의 연설은 매우 인상적입니다. 당신의 연설은 짧은 문장으로 구성되어 있는 것 같은데, 당신의 말을 듣고 너무도 선명하게 내 가슴에 남습니다. 그 비결이 무엇인가요?"

"비결이요? 아주 간단합니다. 짧은 어구와 쉬운 말을 즐겨 사용하기 때문이지요."

윈스턴 처칠은 함축성 있고 간결하게 말했던 것으로 유명하다.

그런데 여기서 한 가지 주목해야 할 것이 있다. 간결하게 말하는 것과 쉬운 말은 어떤 관계가 있을까?

쉬운 말은 누구나 알아들을 수 있어, 이해를 돕기 위해 따로 덧붙여 설명할 필요가 없다. 말이 어려우면 듣는 사람은 이해가 되도록 말해달라고 다시 요구할 것이다. 그러나 쉬운 말은 듣는 순간 바로 이해가 되기 때문에 간결한 대화가 될 수 있다.

윈스턴 처칠, 에이브러햄 링컨, 우드로 윌슨, 패트릭 헨리, 나폴레옹, 로버트 케네디 등 세계적으로 널리 알려진 명연설가나 명강사는 간결한 언어를 썼다. 길고 장황한 언어가 자신의 말의 효과를 형편없게 만들어버린다는 것을 잘 알았기 때문이다. 그들은 쉬운 말로 자신의 생각을 펼치는 말의 능력이 탁월했다.

그렇다면 이들의 말의 능력은 타고난 것일까? 물론 천성적으로 타고난 사람도 있다. 하지만 처칠이나 케네디 같은 이들은 말을 더듬거렸던 것으로 알려져 있다. 그러나 그들은 말의 훈련을 통해 스스로를 명연설가로 만들었던 것이다.

간결한 말은 짧은 말로도 자신의 생각을 신속하게 전달할 수 있는 장점이 있다. 말을 많이 하는 사람은 자신의 생각을 짧게 표현하기가 쉽지 않다. 간결하게 말하기 위해서는 많은 연습이 필요하다.

know-how 간결하게 말하기

★ 같은 말도 쉬운 말로 하는 습관을 들이기 위해서는 생각을 정리하는 능력을 길러야 한다. 생각이 정리가 되면 쉽고 간결하게 말할 수 있다. 쉬운 말은 바로 이해가 되므로 간결하게 말하는 데 큰 도움이 된다.

★ 한 말을 또 하고 또 하는 중언부언을 삼가라. 그러기 위해서는 말을 짧게 끊어서 하도록 연습하라. 그렇게 반복해서 꾸준히 연습하다 보면 같은 말이나 비슷한 말을 줄일 수 있게 된다.

아무리 재밌는 이야기라도 길고 지루하게 말해서는 안 된다. 그러면 듣는 사람은 흥미를 잃고 만다. 장황하게 말한다는 것은 생각이 제대로 정리가 되지 않았다는 뜻이다. 이는 연습을 통해 얼마든지 개선할 수 있다. 간결하고 쉬운 말은 당신을 능력 있고 품격 있는 화법자로 만들어줄 것이다.

간결한 말하기의 키포인트

● 같은 말도 쉬운 말로 하는 습관을 들여라. 쉬운 말은 바로 이해가 되므로 간결하게 말하는 데 큰 도움이 된다.

● 중언부언하지 않기 위해서는 되도록 말을 짧게 끊어서 하라. 그러면 같은 말이나 비슷한 말을 줄이게 된다.

● 짧은 명문장을 따라서 읽고 연습하라. 그리고 필사하라. 꾸준히 하다 보면 좋은 효과를 얻을 수 있을 것이다.

비판은 상대도 자신도
망치는 일이다

05

비판은 인간관계의 독이다

"남을 비판하는 것은 위험한 불꽃과 같다. 그 불꽃이 자존심이라는 화약고의 폭발을 유발하기 쉽다. 이 폭발은 가끔 사람의 생명까지 빼앗아 간다."

자기계발 동기부여가이자 명저 《카네기의 처세술》로 유명한 데일 카네기가 한 말이다. 비판이 얼마나 무섭고 백해무익한 일인지를 잘 알게 한다.

또한 러시아의 국민 작가이자 사상가인 레프 톨스토이Lev Tolstoi는 이렇게 말했다.

"남을 정면으로 비난하는 것은 좋지 않다. 그를 망신시키기 때문이다. 보이지 않는 곳에서 비난하는 것은 불성실하다. 덕을 기만하는 것이기 때문이다."

톨스토이의 말은 비난이 도덕적으로 얼마나 잘못된 것인가를 잘 알게 한다.

비판이나 비난은 그 어떤 것일지라도 절대 삼가야 한다. 비판은 비판의 대상에겐 씻을 수 없는 명예훼손이 됨은 물론 영혼까지 말살시킨다. 그리고 비판을 가한 사람의 인생을 위태롭게 하는 무서운 독이다.

다음은 비판이나 비난이 한 사람에게 미치는 영향에 관한 이야기다.

알렉산더 해밀턴Alexander Hamilton은 미국 건국의 아버지 중 한 사람으로, 미국 헌법 제정에 참여했으며 34세의 젊은 나이에 초대 대통령 조지 워싱턴 정부의 재무장관으로 재직하며 미국 정부의 재정정책에 크게 기여한 정치가이자 법률가이다.

해밀턴은 워싱턴이 총사령관이었던 시절 그 밑에서 4년 동안 참모로 지내면서 워싱턴과 각별한 사이가 되었다. 워싱턴은 지혜롭고 신념이 강한 해밀턴을 크게 신뢰했다. 전쟁이 끝난 후 해밀턴은 뉴욕시 변호사로 일하며 1787년에 뉴욕 하원의원에 선출되면서 정계에 입문했다. 그는 초대 대통령 워싱턴과의 인연으로 재무장관에 발탁되었다.

해밀턴은 우수한 두뇌와 집념으로 자신이 수립한 기획을 밀어붙여 자신이 원하는 방향으로 이끌어내곤 했다. 그러다 보니 연방주의자인 해밀턴과 반연방주의자인 토머스 제퍼슨Thomas Jefferson은 사사건건 마찰을 빚었다. 특히 독립전쟁 때 진 빚을 갚는 문제와 미국 제1의 은행을 설립하는 등의 재정정책 문제로 이 둘은 서로 대립했다. 하지만 해밀턴과 제퍼슨은 정적이었음에도 불구하고 합리적인 절충안으로 현안들을 풀어나감으로써 마찰을 줄일 수 있었다.

그러나 또 다른 반연방주의자인 애런 버_{Aaron Burr}는 달랐다. 그는 사사건건 태클을 거는 해밀턴을 눈엣가시로 여겼다. 해밀턴과 애런 버는 평소에 서로를 거칠게 밀어붙였으며 비판의 말도 서슴지 않았다.

해밀턴은 이해관계를 떠나 정적인 제퍼슨이 대통령이 되는 데 결정적인 힘이 되어주었다. 그런데 이 과정에서 제퍼슨의 경쟁자였던 애런 버가 대통령 선거에서 밀려나자 그는 평소에 눈엣가시였던 해밀턴을 더욱 증오하게 되었다. 게다가 해밀턴이 자신을 향해 '비열한 선동가'라고 비난을 하자 그는 더 이상 참지 못하고 해밀턴에게 결투를 신청했다.

사실 해밀턴은 결투로 아들을 잃은 적이 있어 누구와도 결투를 할 마음이 없었다. 하지만 명예를 훼손하고 겁쟁이라고 놀릴 애런 버의 비난이 두려워 마지못해 그는 결투에 응했다. 둘은 주위의 만류에도 불구하고 마침내 대결을 벌이게 되었고, 애런 버가 쏜 총에 맞아 해밀턴은 세상을 떠나고 말았다.

해밀턴은 워싱턴을 도와 미국이 신생 독립국가로서 기틀을 잡는 데 크게 기여하였다. 그는 미국 국민들에게 존경받는 인물로 기억되고 있다. 뛰어난 천재성과 불도저와 같은 강한 추진력을 지닌 혁신적인 인물로 평가되는 그이지만, 정적에 대한 지나친 경쟁과 비난으로 인해 아까운 목숨을 잃고 만 것이다.

비판을 경계하라는 말은 아무리 강조해도 지나치지 않다. 그만큼 비판은 인간관계에 있어 해를 끼치는 부정적인 삶의 요소이다. 어느 누구도 비판 앞에 자유로울 수 없다. 그것은 성인군자라도 마찬가지다.

비판도 습관에서 오는 경우가 많다. 비판을 일삼는 사람은 자신과 상관없는 일에도 습관처럼 비판을 가하기 때문이다. 또한 개중에는 비판하는 것을 게임하듯 즐기는 사람도 있다. 이는 대단히 부정적인 일이므로 경계하고 삼가야 한다.

know-how 비판을 경계하기 위한 올바른 태도

★ 비판이나 비난을 가하고 싶을 때마다 자신을 먼저 돌아보라. 나는 비판의 대상이 되지 않을 사람인가. 자신에게도 문제가 있다고 생각된다면 깊이 반성하라. 그러면 비판의 입을 막을 수 있게 된다.

★ 비판은 자신을 망치고 상대를 불편하게 하는 백해무익한 일이다. 그것을 알고도 주의하지 않는다면 자신에게 문제가 있는 것이다. 주위의 도움을 받아서라도 반드시 잘못된 습관을 고쳐야 한다.

★ 비판이나 비난거리를 찾지 말고 칭찬거리를 찾아라. 만일 그러고 싶지 않다면 침묵하라. 침묵은 가장 현명한 해답이다.

인간관계에서 비판이나 비난은 경계해야 한다. 그것은 대화의 단절을 가져오고 서로를 등지게 한다. 또한 화법의 품격을 떨어뜨림은 물론, 자신의 인생을 망치는 일이자 불행을 자초하는 일이다.

비판을 경계하기 위해서는 위의 세 가지를 마음에 새기기 바란다. 그러면 스스로를 자각하고 경계하게 될 것이다.

비판은 백해무익한 일이자 부정적인 결과를 초래하는 독인 것이다.

비판 삼가기 키포인트

● 누군가를 비난하고 싶을 때는 자신을 먼저 돌아보라. 나는 비판의 대
상자가 아닌지를. 그러면 비판의 입을 막을 수 있다.

● 비판은 자신을 망치는 백해무익한 일임을 마음에 새겨라.

● 비판이나 비난거리를 찾지 말고 칭찬거리를 찾아라. 만일 그러고 싶
지 않다면 침묵하라. 침묵이 답이다.

항상 이야깃거리를
준비하라

06

풍부한 이야깃거리는 대화를 쉽게 열어준다

인간관계를 부드럽고 자연스럽게 하기 위해서는 항상
친근감을 주는 이야깃거리를 준비하는 것이 좋다. 최근에 있었던
일이나 책에서 본 것, 흥미로운 이야깃거리라면 무엇이든 좋다.
이야깃거리는 상대와의 대화에서 분위기를 끌어올려 주는 대화
의 보조 장치로서 매우 효과적이다.

또한 대화의 내용과 잘 맞는 이야깃거리는 자신의 말에 주의를
환기시키는 데 큰 도움이 된다. 그것이 자신의 이야기를 뒷받침
하는 근거가 되어주기 때문이다.

풍부한 이야깃거리가 없으면 상대와의 대화가 너무 사무적이
어서 분위기가 자칫 딱딱해질 수 있다. 늘 재미있는 이야깃거리
를 준비해둔다면 언제 어디서 누구를 만나더라도 자연스럽게 대
화를 이끌어나가는 데 많은 도움이 된다.

특히, 날씨에 관한 이야기는 처음 본 사람이나 자주 만나는 사람에게도 자연스럽게 꺼낼 수 있는 소재다.

"오늘 날씨가 참 좋군요."

"네, 이런 날은 여행 떠나기 참 좋지요."

이 정도의 대화만으로도 분위기는 밝고 자연스러워진다.

사람들과의 만남에서 사소한 날씨 이야기나 흥미로운 이야깃거리는 분위기를 자연스럽게 만들어주는데, 일본 고마자와대학의 도미타 다카시 교수는 이렇게 말했다.

"계절이나 날씨에 관한 인사는 인간관계에서 중요한 위치를 차지한다. 계절이나 날씨 같은 이야기는 서로 공통되는 화제이다. 비 갠 뒤의 무지개를 보고 상쾌한 기분이 되는 마음을 똑같이 체험한다면 그것만으로도 상대와 공통점을 갖게 된다."

계절이나 날씨는 사람들에게 있어 가장 보편적인 공통 관심사다. 사람은 서로 간에 공통점이 있다는 것만으로도 친밀감을 느끼게 된다. 그리고 이 친밀감으로 인해 두 사람 사이에 대화가 자연스럽게 이어지는 것이다.

분위기를 밝게 하는 이야기는 사람들의 가슴을 따뜻하고 훈훈하게 해준다. 처음 본 사람도 이야기에 관심을 기울이고 친근감을 느끼게 된다. 또한 공통 관심사의 이야깃거리는 서로의 마음을 하나로 이어준다. 같은 생각을 갖게 한다는 것은 마음의 벽을 허물 만큼의 힘이 있다.

사람들과 거리를 좁히고 품격 있는 대화를 이어가기 위해서는 늘 흥미로운 이야깃거리를 준비해두는 것이 좋다.

know-how 이야깃거리 준비하기

★ 항상 두세 가지의 흥미로운 이야깃거리를 가슴에 담아두라. 그리고 때와 상황에 맞게 적절하게 이야기를 활용한다면 대화에 많은 도움이 된다.

★ 날씨나 계절에 관한 이야기도 분위기를 자연스럽게 한다. 누구나 공통된 감정을 느끼게 하는 이야깃거리이기 때문이다. 특히, 처음 본 사람과도 자연스럽게 말을 틀 수 있다.

★ 화젯거리를 바탕 삼아 이야기를 해도 분위기를 자연스럽게 할 수 있다. 누구나 관심을 갖고 있는 당시의 화젯거리는 분위기를 자연스럽게 만들어준다.

　사람들과의 관계는 늘 이야기로 시작해서 이야기로 이어가고, 이야기로 매듭짓는다. 인간관계를 자연스럽게 만들어가고 싶다면 날씨 이야기도 좋고, 대화와 관계된 이야기도 좋으니, 자신만의 흥미로운 이야깃거리를 늘 마음에 담아두는 것이 좋다.

이야깃거리 준비의 키포인트

● 항상 두세 가지의 흥미로운 이야깃거리를 마음에 담아두라. 그리고 적절하게 활용한다면 대화에 많은 도움이 된다.

● 날씨, 계절에 관한 이야기도 분위기를 자연스럽게 한다. 누구나 흔히 갖게 되는 공통적인 관심사이기 때문이다.

● 화젯거리를 바탕 삼아 이야기를 해도 분위기를 자연스럽게 형성할 수 있다. 누구나 알 수 있는 화젯거리는 서로의 마음을 공통되게 함으로써 분위기를 자연스럽게 만들어주기 때문이다.

대화 상대의
성향을 파악하라

07

상대를 알고 시작하면 좋은 결과를 얻을 수 있다

어떤 목적을 가지고 사람을 만날 때 그가 어떤 성향을 가진 사람인지를 미리 알고 그에 맞게 대비하면 상대에게 좋은 이미지를 심어줄 수 있다.

가령 그 사람이 어떤 음식을 좋아하는지에 따라 식당을 선택한다든지, 그 사람이 어떤 성격을 가진 사람인지 알고 그에 맞게 대할 수 있을 것이다. 그 사람이 책을 좋아하는지, 스포츠를 좋아하는지, 음악을 좋아하는지, 흥미를 갖는 일이 무엇인지를 알고 그것에 대화의 포인트를 맞춘다면 상대는 매우 만족할 것이고 이렇게 생각하게 될 것이다.

'저 사람은 썩 괜찮은 사람이야. 저런 사람이라면 내 친구로 삼아도 좋겠는걸.'

그러면 앞으로의 대화를 유리하게 이끌고 갈 수 있다.

그리고 상대의 장점을 들어 대화를 이끌어가는 것도 참 좋은 방법이다. 가령 자신이 알고 있는 것이라도, "내가 아는 한 당신은 누구보다도 현명하고 지혜로워 그 일을 잘하리라 믿습니다. 제게 그 지혜를 들려준다면 큰 도움이 될 것입니다." 하고 상대에게 도움을 구하는 것이다. 그러면 상대는 "아, 그래요. 제가 할 수 있는 한 도움을 드리지요."라고 기꺼이 말하게 될 것이다. 사람은 누구나 자신을 인정해주면 기분이 들뜨고, 그에 대한 자신의 능력을 보여주고 싶어 하기 때문이다. 이에 대해 경영 컨설턴트이자 인간관계 전문가인 레스 기블린은 이렇게 말했다.

"당신이 하는 일을 도와달라고 하지 말고 그에게 그 일에 대해 생각하는 것을 알려달라고 말한다. 그의 힘뿐만 아니라 그의 아이디어나 지혜를 요청하는 것이다. 예를 들면 이와 같다. '지금 저한테 곤란한 문제가 생겼는데 도움이 필요합니다. 제 문제는 이런 건데 어떻게 하면 될까요? 좋은 아이디어나 지혜가 있으면 알려주세요.' 이런 식으로 말을 꺼낸 뒤 다시 한번 그 결과를 평가한다."

레스 기블린의 말에서도 알 수 있듯, 그 사람의 장점을 들어 말하면 그는 자신이 인정받는다는 자긍심에 자기의 생각을 알려주는 것은 물론 자기가 직접 나서서 그 일을 도와주려 한다.

대화나 논쟁 또는 협상을 하는 데 있어 상대가 어떤 사람인지를 알고 그에 맞게 대처한다면 대화를 자신이 이끌어가는 데 큰 도움이 된다. 또한 논쟁에서나 협상에서 자신을 유리하게 하는 지혜의 빛이 되어준다.

미국 건국의 아버지이자 발명가이며 정치가인 벤저민 프랭클린은 탁월한 협상가였다. 그는 미국 대표로 영국에 파견되어 식민지의 자주 과세권을 획득했고, 인지조례의 철폐를 성공시켰다. 또한 그는 프랑스로 건너가 아메리카와 프랑스 동맹을 성립시켰으며, 프랑스의 재정원조를 얻는 데 성공했다. 이러한 성과를 이루어낸 결정적인 요인은 그의 뛰어난 협상전략에 있었다. 그는 상대국을 철저하게 연구 검토한 끝에 협상에 임하여 결국 자국에 유리한 결과를 얻어낼 수 있었다.

프랭클린은 미국 초기 정부에서 없어서는 안 될 주요 인사 중 한 사람으로, 이후 100달러 초상화의 주인공이 되었으며, 미국 국민들이 가장 존경하는 인물 중 하나가 되었다.

에이브러햄 링컨, 조지 워싱턴, 벤저민 디즈레일리, 윈스턴 처칠, 시어도어 루스벨트, 마하트마 간디, 넬슨 만델라, 헨리 키신저, 버락 오바마 등도 모두 상대의 성향을 파악해내는 능력이 탁월한 협상가들이었다.

know-how 대화 상대의 성향 파악하기

★ 상대가 좋아하는 것이 무엇인지 세밀히 파악하여 그에 맞게 대비하면 상대는 당신을 좋은 사람으로 생각하게 되고, 당신이 도움을 요청하면 기꺼이 도와주려 할 것이다.

★ 상대를 칭찬하며 도움을 구하는 것도 상대의 기분을 끌어올리는 데 도움이 된다. 이것은 상대의 능력을 인정하는 것과 같기 때문이다. 기분이 좋아진 상대는 기꺼이 당신에게 도움을 주려 할 것이다.

★ 상대의 자존심을 세워주고 체면을 세워주면 상대는 당신을 매우 현명하고 지혜로운 사람이라고 여겨 당신과 좋은 인간관계를 맺고 싶어 한다. 사람은 누구나 자신의 자존심과 체면을 세워주면, 그에 대한 보상을 하고 싶은 마음이 들 만큼 기분이 좋아진다. 이러한 효과를 적절히 이용하라.

말은 인간관계를 좋게 하는 가장 보편적이고도 가장 중요한 수단이다. 사람들과의 관계는 말로 시작해서 말로 끝나기 때문이다. 따라서 그 사람에 대해 성향을 파악하고 대화를 시작한다면 논쟁에서나 협상에서 보다 좋은 결과를 이끌어낼 수 있을 것이다.

상대의 성향 파악하기 키포인트

● 상대가 좋아하는 것을 파악하여 그에 맞게 대비하면 상대방의 나에 대한 호감을 높일 수 있고, 당신은 보다 쉽게 원하는 것을 얻을 수 있다.

● 칭찬을 하며 도움을 구하는 것도 효과적이다. 그것은 상대의 능력을 인정하는 것과 같아 그의 기분을 끌어올리고, 기분이 좋아진 상대는 기꺼이 당신에게 도움을 줄 것이다.

● 사람들은 자신의 자존심을 세워주고 체면을 세워주는 사람과 좋은 인간관계를 맺고 싶어 한다는 점을 기억하라.

언제나 정직하라

08

정직은 신뢰의 라이센스다

사람들은 정직한 사람을 믿고 신뢰한다. 그래서 그 사람의 말이라면 무엇이든 그대로 받아들이게 된다. 정직한 사람은 인간관계에서 누구에게나 인정받고 환영받는다.

거짓이 없는 사람은 자신의 이익을 위해 남을 속이고 해를 입히지 않는다. 정직한 사람을 좋아하는 것은 당연한 일이다. 정직한 사람의 가장 뚜렷한 특성은 자신에게 손해가 따르더라도 정직함을 잃지 않는다는 것이다. 그 우매하도록 강직한 성품이 사람들에게 믿음을 심어주는 것이다.

"정직과 성실을 그대의 벗으로 삼으라. 그 누가 아무리 그대와 친하다 하더라도 그대의 몸에서 나온 정직과 성실만큼 그대를 돕지는 못한다. 남의 믿음을 잃었을 때에 사람은 가장 비참한 것이다. 백 권의 책보다 하나의 성실한 마음이 사람을 움직이는 힘이 더 크다."

이는 벤저민 프랭클린의 말로, 정직이 인간관계에 있어 얼마나 중요한지 또한 한 사람의 삶에서 얼마나 소중한 것인지를 생각해 보게 한다.

정직함은 그 자체만으로도 신뢰의 라이센스다. 정직한 사람의 말 한마디는 보증수표와도 같아 어디서든 통하기 때문이다.

또한 정직함은 인간관계의 가장 든든한 처세술이라고 할 수 있다. 정직은 곧 그 사람의 자산과도 같다. 불후의 명작《돈키호테》를 쓴 사아베드라 M. 데 세르반테스Saavedra Miguel de Cervantes는 이렇게 말했다.

"정직함은 진실을 사랑하는 마음에서 나온다. 정직함은 최고의 처세술이다. 정직만큼 풍요로운 재산도 없다. 정직은 사회생활에 있어서 지켜야 할 최소한의 도덕률이다. 하늘은 정직한 사람을 도울 수밖에 없다. 정직한 사람은 신이 만든 것 중 최상의 작품이기 때문이다."

정직한 사람은 신이 만든 최상의 작품이라는 세르반테스의 말은 '정직함'이 인간관계에서 얼마나 중요한지를 잘 알게 한다.

정직은 이 세상의 모든 것이라 할 만큼 인간이라면 반드시 갖춰야 할 품성이다. 정직을 잃으면 모든 것을 잃게 되고, 그로 인해 그 존재가치가 상실되기 때문이다.

정직한 사람은 그 어떤 상황에서도 존재의 가치성을 잃지 않음으로 해서 밤하늘에 빛나는 별처럼 영원을 살아간다. 그러나 정직하지 못한 사람은 반드시 그 대가를 참혹하게 치렀음을 동서고금을 막론하고 역사는 우리에게 보여준다.

조지 워싱턴은 미국의 초대 대통령으로 건국의 아버지로 불린다. 버지니아 웨스트모얼랜드에서 출생해 17세부터 측량기사로 일했으며, 20세 때 버지니아군 부관참모, 27세 때 버지니아주 하원의원이 되었으며, 1774년에는 미국 독립군 사령관을, 1787년에는 제헌의회 의장을 지냈다. 1789년에는 미국 초대 대통령에 선출되었으며 연임 후 정계에서 은퇴했다. 그는 종신대통령을 원하는 미국 국민들의 바람을 물리치고 떠날 줄 아는 참다운 대통령의 표상이었다. 아랫사람이든 그 누구든 간에 인격적으로 대하는 따뜻한 인간미로 미국 국민들로부터 존경을 한 몸에 받았다.

그러나 무엇보다 워싱턴을 빛나게 하는 것은 그의 정직성이다. 어린 날 워싱턴은 아버지가 애지중지하는 벚나무를 베고 말았다. 외출에서 돌아온 아버지는 노발대발하며 누구의 짓이냐고 소리쳤다. 어느 누구도 그 앞에 나서지 못했다. 그러나 워싱턴은 자신이 그랬노라고 말하며 잘못을 빌었다. 그러자 머리끝까지 대노했던 그의 아버지는 화를 풀고 말했다.

"네가 정직하게 말해 용서해주마. 언제나 지금처럼 정직하게 살기 바란다."

워싱턴은 그날 이후 늘 정직한 마음을 간직하며 살았고, 자신에게나 사람들에게 따뜻함과 성실함을 잃지 않았다. 워싱턴의 이야기는 많은 것을 시사한다. 정직하다는 것은 인간답게 살기 위해서는 반드시 지녀야 할 본성이라는 것을 말이다.

know-how 정직성을 잃어서는 안 되는 이유

★ 정직성을 잃으면 신뢰는 물론 모든 것을 잃는다. 그 어떤 상황에서도 정직성을 잃어서는 안 된다.

★ 자신의 이익을 위해 거짓을 말해서는 안 된다. 하나의 이익을 얻기 위해 거짓을 말하는 것처럼 어리석은 일은 없다. 그것은 하나는 물론 모든 것을 잃게 하는 요인이기 때문이다.

★ 정직은 진실에서 오고, 진실한 사람만이 정직할 수 있다. 언제나 진실을 따르고, 언제나 진실하게 말하고 행동하라. 정직은 세상의 모든 가치이며, 최대의 방책이다.

당신은 스스로 정직하다고 믿는가? 그렇다면 당신은 인간관계가 좋을 것이다. 만일 당신이 정직하지 않다면 인간관계에 문제가 있을지 모른다. 사람들과 좋은 인간관계를 맺고 싶다면 정직하게 말하고 정직하게 행동하라. 당신의 정직한 말 한마디는 곧 당신 자신임을 잊지 마라.

굿 메시지

정직한 말하기의 키포인트

● 정직성을 잃으면 신뢰는 물론 모든 것을 잃는다.

● 자신의 이익을 위해 거짓을 말해서는 안 된다. 하나의 이익을 얻기 위해 거짓을 말하는 것처럼 어리석은 일은 없다.

● 정직은 진실에서 오고, 진실한 사람만이 정직할 수 있다. 언제나 진실을 따르고, 언제나 진실하게 말하고 행동하라.

상대의 마음을
사로잡는 리액션

09

리액션은 또 다른 말이다

대화를 할 때 "아, 그래서요?" "네, 그렇군요" 하며 상대의 말에 맞장구를 쳐주면 상대는 더 신이 나서 말하게 된다. 그리고 자신의 말에 맞장구를 쳐주는 사람에 대해 좋은 이미지를 갖게 된다.

목사이자 저술가이며 탁월한 자기계발 동기부여가인 노만 빈센트 필 박사는 뉴욕 마블 협동교회에서 시무 52년을 포함하여 60년 동안을 목사로 사역했다. 그는 시련과 고통 속에서 절망하는 많은 이들에게 성공적인 삶을 살아가도록 용기와 꿈을 주는 일에 평생을 바쳤다. 발행부수 1,600만 부인 《가이드 포스트》는 독자들로부터 많은 사랑을 받았다. 그의 대표작인 《적극적인 사고방식》은 현재 42개 언어로 번역되어 2,000만 부 이상이 팔린 초대형 베스트셀러이다.

필 박사가 탁월한 자기계발 동기부여가로 인정받는 이유는 그의 뛰어난 업적에만 있는 것은 아니다. 그는 사람들과의 대화에서 리액션을 잘 취한 것으로 유명하다. 그를 찾아오는 사람들은 대개 인생의 고민을 들고 온 사람들이다. 그들의 심정을 누구보다도 잘 이해했던 그는 그들의 얘기를 잘 들어주는 것은 물론 그들이 답답한 마음을 풀어낼 수 있도록 최대한 배려하였다. 그와 상담을 마친 사람들은 하나같이 기쁜 얼굴로 돌아가곤 했다. 그리고 그들은 필 박사의 권유대로 실천함으로써 고민을 이겨내고 좋은 결과를 얻었다. 필 박사에게 상담을 받은 수많은 사람들은 그를 존경했다.

필 박사의 경우에서 보듯, 상대의 말을 잘 들어주고 맞장구를 쳐주는 것만으로도 당신은 좋은 사람으로 평가받게 된다. 상대 또한 당신의 말에 대해 관심을 갖게 되고, 당신이 그에게 무엇을 부탁하거나 도움을 청할 때 그로부터 '예스'를 이끌어낼 수 있게 된다.

"다른 사람에게 긍정적인 대답을 얻어내는 최고의 방법은 '예스'라고 말할 수 있는 분위기를 만드는 것이다."

이는 미국의 심리학자인 해리 A. 오버스트리트Harry A. Overstreet가 한 말이다. 맞장구야말로 상대로부터 '예스'를 이끌어내는 데 최선의 방법이라고 할 수 있다.

맞장구는 상대에 대한 예의이기도 하다. "나는 당신의 말에 관심이 참 많습니다. 그래서 당신의 말을 놓치지 않고 듣고 싶습니다."라고 말하는 것과 같은 효과를 주기 때문이다.

생각해보라. 당신의 이야기를 잘 들어주며 중간 중간 맞장구를 쳐준다면 기분이 어떠한지를. 당신 또한 상대로부터 존중받는다는 느낌을 갖게 될 것이다.

know-how 지혜롭게 맞장구치는 방법

★ 말하는 이의 눈을 바라보고 공감하는 대목에서는 고개를 끄덕여준다. 이는 무언의 말로 '당신 말이 옳습니다'라는 의미를 보여줌으로써 굳이 말을 하지 않아도 상대의 기분을 좋게 만들 수 있다.

★ 상대의 말을 잠시 끊고 "네, 그렇지요" "그래서 어떻게 됐는데요?" "저, 그 부분을 좀 더 구체적으로 말해주시겠어요?"라는 말로 관심을 표시한다.

★ 재미있는 대목에서는 웃기도 하고, 상대의 손을 잡고 흔들며 흥미를 표하라.

상대와의 대화에서 좋은 이미지를 심어주고 싶다면 위의 세 가지 방법을 잘 활용해보라. 그것만으로도 상대의 마음을 사로잡는 것은 물론, 상대로부터 품격을 갖춘 참 좋은 사람이라는 평가를 받게 될 것이다.

리액션의 키포인트

● 상대의 말에 공감하는 대목에서는 고개를 끄덕여준다. 그러면 상대는 더 신이 나서 말하게 되고 당신을 좋은 사람이라고 믿게 된다.

● 상대의 말 중간 중간 "네, 그렇지요" "그래서 어떻게 됐는데요?" "저, 그 부분을 좀 더 구체적으로 말해주시겠어요?"라고 말하라. 상대는 당신을 예의 있는 사람이라고 생각하게 된다.

● 상대의 말이 재미있다면 미소를 지어 보여라. 그리고 상대의 손을 잡고 흔들어주면, 상대는 당신을 더 가깝게 느낄 것이다.

공통점이나
취미를 활용하라

10

공통분모는 사람을 가깝게 만드는 접착제다

상대와의 대화를 보다 친밀감 있고 유쾌하게 이끌기 위해서는 자신과 상대와의 공통점이나 취미를 공유하는 것이 아주 효과적이다. 사람은 대개 자신이 좋아하는 것을 상대도 좋아하면 그에게 친밀감을 갖게 된다. 같은 것을 좋아한다는 공통분모는 서로를 가깝게 만들어준다.

좋아하는 것이 같으면 두 사람의 마음은 자연스럽게 이어진다. 각자가 서로에게서 자신의 모습을 바라보게 되기 때문이다. 이에 대해《나는 매일 만나고 싶은 사람이 된다》의 저자 혼다 나오유키는 이렇게 말했다.

"같은 것을 좋아한다는 사실만으로도 친근감을 느낄 수 있다. 인맥을 만들기 위해서는 공통점을 찾는 것이 중요하다. 어렵게 생각 안 해도 된다. 취미나 관심이 같다는 것 말고도 이름이나 출생연도가 같다는 것도 공통점이 된다."

공통점을 공유한다는 것만으로도 얼마든지 인간관계를 따뜻하게 이어갈 수 있다. 또한 취미가 같은 사람끼리는 처음 만난 사람도 마음의 경계를 늦추게 되고, 상대에게 관심을 기울이게 된다.

"상대가 어떤 취미를 가지고 있는지 모를 경우 '나는 휴일에는 카메라를 들고 교외에 나가는 일이 많은데, 휴일을 어떻게 보내십니까?' 하고 자신의 취미를 구체적으로 말하며 질문을 던져보라. 그러면 말문을 열 만한 대답이 돌아올 것이다."

이는 일본 고마자와여자대학의 도미타 다카시 교수가 한 말이다. 취미로 말문을 여는 것은 분위기를 자연스럽게 만들어주고 인간관계를 부드럽고 친근감 있게 이어가는 최적의 방법이다.

know-how 공통점과 같은 취미를 찾아라

★ 사람은 누구나 자신과 같은 공통점을 가진 사람에게 관심을 갖는다. 공통점이 있다는 것은 강한 동질성을 주기 때문이다. 좋아하는 것, 좋아하는 음식, 좋아하는 노래 등과 같은 공통점은 서로를 이해하는 데 도움을 준다.

★ 취미가 같은 사람은 같다는 그 자체만으로도 친근감이 생솟는다. 같은 취미를 공유한다는 것은 비슷한 인생관이나 비슷한 가치관을 가졌다고 짐작하게 해주기 때문이다. 취미를 잘 활용한다면 좋은 인간관계를

화법의 품격을 높이는 15가지 황금법칙

맺을 수 있다.

★ 어떤 사람과 긍정적인 관계를 맺고 싶다면 그 사람이 좋아하는 것을 좋아하도록 노력하라. 자신을 위해 노력하는 사람을 좋아하지 않을 사람은 없다.

당신이 사람들과 인간관계를 잘하고 싶고, 당신이 바라는 대로 이어가고 싶다면 공통점이나 취미를 공유하는 것으로부터 관계를 시도해보라. 위의 세 가지를 실천에 옮긴다면 당신이 바라는 것 그 이상으로 사람들과 즐거운 관계를 유지하게 될 것이다.

Good + Message

굿 메시지

공통점 찾기 키포인트

● 사람은 누구나 자신과 공통점을 가진 사람에게 관심을 갖는다. 좋아하는 것, 좋아하는 음식 등 상대와의 공통점을 찾아라.

● 취미가 같은 사람은 그 자체만으로도 친근감이 샘솟는다. 취미를 공유하면 좋은 인간관계를 맺을 수 있다.

● 어떤 사람과 꼭 좋은 관계를 맺고 싶다면 그 사람이 좋아하는 것을 좋아하도록 노력하라. 그 정성이 바라는 것을 이루게 해줄 것이다.

긍정적으로 말하고 행동하라

11

긍정의 말은 생산적이고 창의적인 힘이 있다

사람들은 설사 자신이 부정적인 사람이라 해도 긍정적인 사람을 좋아한다. 그런 사람은 언제나 좋은 말을 하고, 밝게 행동하며, 낙관적으로 생각한다. 그런 긍정적인 사람과 소통하며 지낸다면 자신도 긍정적으로 삶을 살아가게 될 것 같은 생각이 들기 마련이다.

긍정적인 사람의 화법은 에너지가 풍부하고, 자신감이 넘친다. 그의 말을 듣는 것만으로도 당장 무엇이라도 할 수 있을 것만 같다.

"긍정은 무한한 힘을 가지고 있다. 긍정적인 마음가짐은 영혼을 살찌우는 보약이다. 이러한 마음가짐은 우리에게 부, 성공, 즐거움과 건강을 가져다준다. 반대로 부정적인 마음가짐은 영혼의 질병이며 쓰레기다. 이는 부, 성공, 즐거움과 건강을 밀어내고 심지어 인생의 모든 것을 앗아간다."

자기계발 동기부여가이자 작가인 나폴레온 힐Napoleon Hill이 한 말이다.

긍정은 생산적이고 창의적인 마인드로 불가능도 가능하게 하는 힘이 있다. 긍정적인 마인드로 자신을 무장해야 하는 이유가 바로 여기에 있다. 부정은 비생산적이고 비창의적인 마인드로 충분히 할 수 있는 것까지도 하지 못하게 한다.

나폴레온 힐은 긍정적인 마인드를 가짐으로써 성공한 대표적인 사람이다.

신문기자였던 나폴레온 힐은 강철 왕 앤드루 카네기를 인터뷰하게 되었다. 그때 카네기는 그에게 한 가지 제안을 했다.

"힐 군, 자네 성공한 사람들을 취재해 책을 내보지 않겠는가?"

나폴레온 힐은 카네기의 말을 듣고 곧바로 대답하지 못했다. 꿈에도 생각지 못한 제안이었기 때문이다.

"내가 앞으로 20년 동안 성공한 사람들 500인의 소개장을 써주겠네. 그 사람들의 성공 비결을 체계적으로 연구하면 훌륭한 성공 철학서가 될 것이라고 믿네. 다만 경제적인 측면에서는 그 어떤 도움도 줄 수가 없네. 어떤가, 한번 시도해보겠나?"

카네기는 인자한 미소를 지은 채 말했다.

"네! 한번 해보겠습니다."

그날 이후 나폴레온 힐은 20년 동안 카네기가 소개해준 507명의 성공한 사람들을 만나 인터뷰하며 그들의 성공 비결을 분류해 치밀하게 분석한 뒤 글을 썼다. 그렇게 해서 나온 책이 그의 출세작《생각하라! 그러면 부자가 되리라》이다. 이 책은 그의 인생을 완전히 바꿔놓았다. 그는 성공학의 전문가로 각광받기 시작했고 날이 갈수록 명성이 높아졌다. 높아진 명성만큼 예금통장에는 돈이 쌓여갔다.

나폴레온 힐의 경우에서 보듯 긍정적인 사람은 매사를 긍정적으로 생각한다. 그런 이들은 사람들에게 좋은 인상을 심어준다.

사람들과 좋은 관계를 갖고 싶다면 긍정적으로 말하고 행동하라. 긍정의 말과 행동이 화법의 품격을 높여준다.

노만 빈센트 필 박사는 부정적인 사람과의 교류를 지양하고 되도록 긍정적인 사람과 교류하라고 말한다. 그리고 긍정적인 사람들을 자신의 주변에 두라고 조언한다.

또한 필 박사는 부정적인 사람도 얼마든지 긍정적인 사람이 될 수 있음을 주장하며, 긍정적인 생각을 기르는 7가지에 대해 다음과 같이 말했다.

know-how
노만 빈센트 필의 '긍정적인 생각을 기르는 7가지'

★ 24시간 동안 모든 일에 대해—일이든, 건강이든, 미래에 대해서든—희망을 갖고 낙관적으로 말하라.

★ 24시간 동안 희망에 대한 이야기를 했으면, 이것을 다시 일주일 동안

계속해보라. 그렇게 하다 보면 하루나 이틀은 그렇게 하는 것을 현실적으로 생각하게 된다. 그리고 일주일 전에 가졌던 생각이 잘못되었다는 것을 느끼게 될 것이다. 이것은 곧 긍정적인 생각을 갖게 됐다는 증거다.

★ 우리가 육체를 돌보듯 정신을 돌봐야 한다. 그리고 건강한 정신을 기르기 위해 건전한 사고의 양식을 공급하지 않으면 안 된다.

★ 건강한 정신을 기르기 위해서는 다양한 독서를 즐기고, 명상하라. 그리고 좋은 글은 밑줄을 긋고 몇 번이고 읽어 마음에 새겨라.

★ 긍정적인 생각을 가진 사람들의 리스트를 만들어라. 그리고 그들과 교제하고 이야기하고 듣고 배워라. 그리하면 긍정적인 힘이 길러진다.

★ 불필요한 논쟁을 피하라. 불필요한 논쟁은 에너지를 소멸시키는 주범이다.

★ 날마다 기도하라. 기도는 긍정적인 힘을 길러주는 좋은 마음의 양식이다.

당신은 스스로 생각하기에 어떤 사람인가? 긍정적인가, 부정적인가? 사람들과 대화하고 교류할 때는 언제나 긍정적으로 말하고 행동하라. 그랬을 때 당신의 말 한마디가 긍정의 힘으로 작용하고, 상대와의 인간관계를 발전적으로 이어가게 해줄 것이다.

긍정적인 말하기 키포인트

● 매사를 긍정적으로 생각하라. 그러면 당신이 생각하는 대로 될 것
이다.

● 매사를 긍정적으로 말하고 행동하라. 그러면 당신이 말하고 행동하는
대로 될 것이다.

● 자신이 부정적인 사람이라고 생각한다면 긍정적인 마인드를 길러야
한다. 그래야 사람들과의 관계를 긍정적으로 이어가게 되고, 당신이 원
하는 삶을 살아갈 수 있다.

미소는 또 다른 언어

12

미소는 상대의 마음을 열어준다

미소 짓는 얼굴은 친근감을 주고 온화한 느낌을 갖게 한다. 그래서일까, 미소를 잘 짓는 사람은 거부감이 들지 않고, 그와 가까이해도 좋겠다는 생각을 하게 한다. 이를 증명이라도 하듯 미소를 잘 짓고 상대를 잘 웃게 하는 사람은 인간관계가 좋고 상대에게 좋은 평가를 받는다.

에이브러햄 링컨은 웃음의 중요성에 대해 다음과 같이 말했다.

"나를 좋아하거나 존경하는 사람들의 공통된 특징을 나는 전혀 가늠할 수 없다. 하지만 내가 좋아하고 애정을 가지는 사람들의 공통된 특징은 그들 모두가 나를 웃게 만든다는 것이다. 나에게 밤낮으로 무서운 긴장이 생겼기 때문에 만일 내가 웃지 않았다면 나는 이미 죽은 지가 오래되었을 것이다."

링컨의 말을 보면 웃음이 인간관계를 좋게 한다는 것과 건강에도 긍정적으로 작용한다는 것을 알 수 있다.

또한 《죄와 벌》의 작가인 러시아의 도스토예프스키Fyodor Mikhailovich Dostoevskii는 이렇게 말했다.

"그 사람의 웃음을 보면 그 사람의 본성을 알 수 있다. 누군가를 파악하기 전 그 사람의 웃는 모습이 마음에 든다면 그 사람은 선량한 사람이라고 자신 있게 단언해도 된다."

즉 '웃음'이 그 사람이 어떤 마음을 지닌 사람인지를 알게 한다는 것이다. 웃음은 그 사람의 본성을 알게 할 만큼 커다란 가치가 있다.

그렇다. 웃음의 가치는 돈으로도 살 수 없고, 보석으로도 대신할 수 없다. 웃음은 웃음만으로 대신할 수 있다.

미소는 그 자체만으로 상대의 마음을 열게 하는 또 다른 언어라고 할 수 있는데, 나는 이를 '미소의 언어'라고 정의한다.

카네기공대에서 졸업생을 대상으로 하여 조사한 바에 따르면 성공한 사람의 15%는 재능이 있고 머리가 좋은 사람이며, 65% 이상은 인간관계를 잘하는 사람이라고 한다. 즉 성공하는 데 있어 가장 중요한 조건은 인간관계라는 것이다. 그런데 인간관계가 좋아 성공한 이들의 공통점은 잘 웃는다는 것이다. 그러니까 잘 웃는 사람이 성공한다고도 말할 수 있다.

이에 대해 자기계발 동기부여가로 유명한 브라이언 트레이시Brian Tracy는 이렇게 말했다.

"인간관계는 잘 웃느냐에 따라 결정된다."

이는 무엇을 의미하는가? 웃음은 인간관계를 좋게 하는 '매개체'라는 것이다. 그러니까 웃음이 하나의 언어로 작용한다는 뜻이다. 그냥 말하는 것보다 웃으면서 이야기하는 것이 그만큼 효과가 큰 것은 웃음이 또 다른 언어로서 사람 사이를 이어주기 때문이다.

"웃지 않는 사람은 장사를 하지 마라."

이 중국 속담은 웃음이 장사의 매개체, 즉 '미소의 언어'가 된다는 것을 말해주고 있다.

미소 짓는 사람치고 안 예쁜 사람은 없다. 미소는 보는 사람의 마음을 환하게 열어주는 마력을 지녔다. 그래서 미소를 짓는 사람을 보면 공연히 기분이 좋아지고, 그와 함께하고 싶은 마음이 든다.

미소는 사람들과의 사이를 부드럽게 이어주고, 가깝게 하는 '언어'이다. 미소를 잘 짓는다는 것은 그만큼 말을 잘하는 것과 같다고 할 수 있다.

know-how 미소 짓기

★ 잘 웃는 사람이 사람들의 관심을 끈다. 웃음은 또 다른 언어다.

★ 성공한 사람들의 가장 큰 특징은 잘 웃는 것이다. 웃음은 사람들과의

거리를 가깝게 하는 마력을 가졌다. 인간관계를 잘하고 싶다면 웃음을 습관화하라.

★ 잘 웃는 것도 하나의 재능이다. 웃음은 뛰어난 재능과 똑똑한 머리 못지않게 훌륭한 재능인 것이다. 당신이 잘 웃는다면 모르겠지만, 잘 웃지 않는다면 거울을 보고 꾸준히 웃는 연습을 하라. 그러다 보면 잘 웃게 되는 당신을 발견하게 될 것이다.

당신이 사업을 하든, 직장생활을 하든, 아이들을 가르치는 교사이든, 그 무슨 일을 하든 간에 인간관계를 잘하고 싶다면 위의 세 가지를 꾸준히 연습하라. 웃다 보면 습관이 되고, 습관이 되면 언제나 잘 웃게 된다. 웃음은 화법의 효과를 끌어올리는 최선의 방법이다.

미소의 언어 키포인트

- 잘 웃는 사람이 관심을 끈다. 웃음은 또 다른 언어다.

- 성공한 사람들의 가장 큰 특징은 잘 웃는 것이다. 인간관계를 잘하고 싶다면 웃음을 습관화하라.

- 잘 웃는 것도 하나의 재능이다. 웃음은 뛰어난 능력과 똑똑한 머리 못지않게 훌륭한 재능인 것이다.

성실함이 가장 든든한 무기다

13

성실한 사람은 감동을 선사한다

성실한 사람은 무엇을 하든 믿음이 가고 든든하다. 성실하다는 것은 책임감이 강하고, 진실하고, 거짓이 없음을 말한다. 그래서 성실한 사람은 사람들에게 좋은 이미지를 심어준다.

성공한 사람들의 특징 중 하나는 성실성이다. 성실하면 일도 책임감 있게 잘할 뿐만 아니라 사람들과의 관계도 좋다. 성실은 성공의 보증수표라고 해도 결코 지나침이 없다.

호텔 벨보이 출신으로 호텔 왕이라 불리는 콘래드 힐튼Conrad Hilton 은 성실성으로 세계 곳곳에 자신의 이름을 딴 수백 개의 호텔을 세웠다. 열네 살 어린 나이에 서점 점원으로 출발하여 미국 백화점 왕이 된 존 워너메이커John Wanamaker 역시 성실성으로 세계적으로 성공한 인물이 되었다. 또 스코틀랜드 출신 이민자였던 앤드루 카네기는 배운 것 없이 성실성 하나로 노력한 끝에 강철 왕이 되었으며, 노숙자 출신이었던 브라이언 트레이시는 성실성 하나로 자기계발 동기부여가이자 저술가로 성공하였다. 벤저민 프랭클린이 미국 건국의 아버지 중 한 사람이자 정치가, 피뢰침 발명가로 미국 역사상 가장 존경받는 인물이 된 것도, 월트 디즈니Walter Elias Disney가 가난을 딛고 노력한 끝에 만화 제작자이자 만화가로 크게 성공한 것도 모두 자신의 성실성을 무기로 한 것이다.

성실성은 사람들의 마음을 움직이는 데 있어 그 어떤 것보다 훌륭한 재능이며 수단이다.

"성실 하나로 살아가고 있는 사람이 남에게 감동을 주지 못했다는 예는 이제까지 하나도 없다. 반면에 성실과는 거리가 먼 사람이 남에게 감동을 주었다는 예도 이제까지 하나도 없다."

이는 맹자孟子가 한 말로, 성실성이 사람들에게 감동을 주는 인간관계의 주요 요소라는 것을 잘 알게 한다.

또한 영국의 비평가이며 사회사상가인 존 러스킨John Ruskin은 성실성에 대해 이렇게 말했다.

"인생은 흘러가는 것이 아니고, 성실로써 이루어져 가는 것이라야 한다. 우리는 하루하루를 그저 보내는 것이 아니고, 하루하루를 자기 자신이 가진 그 무엇으로 채워가야 한다."

존 러스킨의 말에서 보듯 성실성은 요행과는 거리가 먼, 차근차근 그리고 꾸준히 해나가는 것이다.

당신은 당신 주변에 성실한 사람을 볼 때 어떤 생각이 드는가? 성실성 그 자체만으로 좋은 생각을 갖게 될 것이다. 성실하다는 것은 정성이 가득하다는 것을 의미한다. 일이든 사람들과의 관계든 정성을 들여야 좋은 결과를 낳게 되고, 좋은 인간관계를 맺게 된다. 성실은 정성스런 마음 없이는 절대로 보일 수 없는 마인드 이다.

know-how 성실성 습관화하기

★ 사람들은 성실한 사람을 좋아하고, 그와 좋은 인간관계를 맺고 싶어 한다. 성실은 화법의 가치를 끌어올리는 최적의 수단이다. 성실한 사람의 말은 믿고 신뢰하게 된다.

★ 성실한 사람은 매사에 정성이 가득하다. 모든 일에 정성을 들이는 사 람은 성실성을 인정받게 된다.

★ 요행을 바라지 마라. 요행은 성실성을 파괴하는 독과 같다. 요행을 바 라는 시간에 조금이라도 더 열심히 하는 자세를 견지하라.

사람들에게 좋은 모습을 보여주기 위해서는 단번에 무언가를 이루려는 것도 좋지만, 차근차근 그리고 꾸준히 하는 당신의 모 습을 보여주는 것이 더 효과적이다. 단숨에 이루어지는 것은 그 다지 좋은 것은 아니다. 단숨에 이루어진 일은 요행이 따른 것이 기 때문에 쉽게 무너져 내릴 수 있다. 그러나 차근차근 꾸준한 노력으로 이룬 것은 쉬 무너지는 법이 없다. 성실성이란 한 땀 한 땀 정성 들여 하는 바느질과 같은 것이다.

당신의 성실성이 사람들을 감동하게 한다면 당신은 사람들과의 관계에 있어 품격 있는 인생으로 인정받게 될 것이다.

성실한 태도 갖기 키포인트

● 사람들은 성실한 사람을 좋아하고, 그와 좋은 인간관계를 맺고 싶어

한다. 성실은 화법의 가치를 끌어올리는 최적의 수단이다.

● 성실한 사람은 매사에 정성이 가득하다. 정성이 많은 사람은 성실성

을 인정받게 되는 것이다.

● 요행을 바라지 마라. 요행은 성실성을 파괴하는 독과 같다.

이기심은 절대 금물

14

이기적인 사람은 자기 자신도 위하지 못한다

사람들과 이야기하다 보면 이기적인 사람인지 아닌지를 알게 된다. 이기적인 사람은 욕심이 많고, 배려심이 부족하고, 모든 것을 자기중심적으로 생각한다. 그래서 이기적인 사람은 누구든 경계를 하게 된다.

이기적인 사람에게서 볼 수 있는 가장 보편적이고도 눈살을 찌푸리게 하는 특징은 자신의 유익을 위해서라면 남에게 피해 주고 상처 주는 짓을 아무렇지도 않게 생각한다는 것이다. 그것은 인간관계를 해치는 일이며, 그나마 이어가던 인간관계까지도 막아버리는 지극히 부정적인 일이다.

이기적인 사람과 좋은 인간관계를 맺고 싶어 하는 사람이 없는 것은 당연한 일이다. 그런데도 이기적인 사람은 그것이 잘못된 일인지도 잘 모르는 경우가 많다. 이렇듯 이기심은 이성까지도 마비시키는 인간관계의 독毒인 것이다.

"오직 자신만을 위해 사는 이기적인 사람은 남에게는 죽은 것과 다름없는 존재다."

고대 로마의 작가 퍼블릴리어스 사이러스Publilius Syrus가 한 말로, 이기적인 사람은 사람들로부터 죽은 존재, 즉 관심을 받지 못하는 존재라는 의미다. 그러니 이기적인 사람은 인간관계를 제대로 맺지 못할 수밖에 없다. 그런데 더 큰 문제는 스스로에게도 해가 된다는 것이다. 이에 대해 정신분석학자이자 심리학자인 에리히 프롬Erich Fromm은 다음과 같이 말했다.

"이기적인 사람은 남을 위할 줄도 모를뿐더러 자기 자신도 위하지 못한다."

에리히 프롬의 말처럼 이기적인 사람은 이기심으로 인해 남은 물론 스스로에게도 마이너스적인 존재가 될 수밖에 없다.

그러나 하루아침에 이기심을 버리고 새로운 마인드를 갖춘다는 것은 쉽지 않은 일이다. 이는 많은 인내와 노력을 필요로 한다. 하지만 힘들더라도 이기심을 극복하려는 노력을 해야 한다.

사람들은 배려심이 많고 상대의 입장에서 이해해주는 사람에게 관심이 많다. 그래서 그 사람과 소통하기를 원하고 좋은 인간관계로 이어지기를 바란다.

이기심을 경계하라는 말은 몇 번을 거듭해도 부족하다. 그만큼 이기심은 자신에게나 주변 사람들에게 부정적으로 작용하는 탐욕과도 같은 것이다. 이기심으로 인해 자신의 인생을 망친 사람이 동서고금을 막론하고 비일비재하다는 것은 그것을 잘 말해준다.

레프 톨스토이는 독실한 믿음으로 가난하고 힘없는 사람들을 아끼고 사랑하며 헌신했다. 그는 가난한 이들에게 재산을 나누어 주었으며 많은 노예들을 평민으로 풀어주었다. 그러나 그의 아내는 남편이 하는 일에 사사건건 태클을 걸었다. 이에 질린 톨스토이는 여든두 살의 나이에 집을 나간 후 시골 간이역에서 숨지고 말았다. 이기적인 아내로 인해 세계적인 작가 톨스토이가 쓸쓸하게 생을 마감한 것이다.

하지만 톨스토이의 아내는 자신의 이기심을 당연한 듯이 여겼고, 그랬기에 이기심이 잘못이라는 생각도 하지 못했다. 이기심은 마음의 눈을 멀게 하는 탐욕이다.

know-how 이기심 버리기

★ 이기심은 사람들과 담을 쌓게 하는 부정적인 마인드다. 추악하고 무서운 탐욕과도 같은 이기심을 마음으로부터 떨쳐내도록 노력하라.

★ 이기심은 인간관계를 단절시키고 스스로에게도 부정적으로 작용한다. 이기심을 몰아내고 당신의 가슴을 따뜻한 배려심으로 가득 채워라.

★ 이기심은 비생산적이고 비창의적인 마인드다. 그것은 자신에게도 상

대방에게도 부정적으로 작용한다. 생산적이고 창의적인 마인드로 체인
지업하라.

당신은 스스로 이기적인 사람이라고 생각하는가, 아니면 배려
심이 많은 사람이라고 생각하는가? 당신이 배려심이 많은 사람
이라면 다행이지만, 이기적이라고 생각된다면 당장이라도 이기
심을 버리도록 노력해야 한다. 그렇지 않으면 당신은 에리히 프
롬이 말한 것처럼 남을 위할 줄도 모르고 자신도 위할 줄 모르는
사람으로 살아갈 수밖에 없다.

이처럼 비생산적이고 비창의적인 삶은 죽은 삶이다. 당신은 분
명 펄떡거리며 싱싱한 삶을 살기를 바랄 것이다. 그렇다면 이기
심을 버리고 배려심으로 당신의 가슴을 가득 채워라. 그리고 한
마디의 말이라도 온기를 담아 따뜻하게 하라. 온기가 있는 말 한
마디는 당신의 품격을 높여준다.

이기심에서 벗어나기 키포인트

● 이기심은 사람들과 담을 쌓게 하는 부정적인 마인드다. 이기심을 마음으로부터 떨쳐내라.

● 이기심은 인간관계를 단절시키고 스스로에게도 부정적으로 작용한다. 이기심을 몰아내고 당신의 가슴을 배려심으로 가득 채워라.

● 이기심은 비생산적이고 비창의적인 마인드다. 당신의 내면을 생산적이고 창의적인 마인드로 체인지업하라.

잘난 척을 삼가라

15

잘난 척은 부덕함이다

사람들과 교류를 하다 보면 자신을 지나치게 내세우는 사람들이 있다. 있는 그대로를 너무 내세워도 눈살을 찌푸리게 하는데, 부풀려서 과장까지 하면 듣는 사람은 할 말을 잃게 된다. 뿐만 아니라 어떤 이들은 가벼운 입과 행동으로 사람들을 모욕 주고, 교만하게 굴어 사람들로부터 비난을 사기도 한다.

물론 현대사회를 자기 PR 시대라고 하지만, 지나치면 아니함만 못하게 되는 것이다. 자신을 지나치게 내세우고 가볍게 말하고 행동하다 보면 사람들로부터 손가락질을 받게 되고 사이가 점점 더 벌어지게 된다. 그런 사람을 좋아할 사람은 어디에도 없기 때문이다.

로마제국의 철학자이자 일급 웅변가인 키케로Marcus Cicero 는 유창한 말솜씨와 뛰어난 웅변술로 로마 최초로 국부라는 칭호와 함께 집정관에 올랐다. 그는 천부적으로 말재주를 타고났다. 자신의 명성이 날로 높아지자 그는 유명한 배우들을 찾아다니며 목소리, 몸짓, 손짓 등을 배웠다. 그러자 그의 웅변술은 더욱 돋보였다. 말과 몸짓이 사람들에게 미치는 영향은 상당하다. 웅변이 평면적이라면 웅변과 몸동작은 입체적이다. 이렇게 되자 고대 그리스에서 가장 뛰어나다는 평가를 받는 웅변가 데모스테네스와 쌍벽을 이룰 만큼 그의 인기는 높아졌다.

또한 키케로는 기억력이 뛰어나 한번 본 사람의 이름은 정확하게 기억하였으며, 자신이 간 장소라든가 한번 읽은 것은 또렷이 기억함으로써 사람들을 놀라게 했다. 뛰어난 기억력은 그가 학문을 깊이 있게 배우는 데도 크게 작용했다.

그러나 그는 뛰어난 웅변술과 기억력만큼의 인품을 갖추지는 못했다. 때론 말을 가볍게 불쑥 던지는 통에 주변 사람들이 놀랄 때도 있었다. 뿐만 아니라 자신과 마음이 맞지 않거나 거스르면 험담을 일삼고 비방하여 눈살을 찌푸리게 하기도 했다. 말도 자꾸만 하면 늘듯 험담이나 비방도 하면 할수록 는다. 이는 그의 습관이 되었고, 그와 경쟁관계에 있던 사람들은 그를 경계하기 시작했다.

만년에 키케로는 로마의 초대 황제가 된 옥타비아누스와 힘을 합쳐 또다시 권좌에 오르려 시도했지만, 그의 가벼운 입과 남을 비방하는 것을 못마땅하게 여긴 옥타비아누스는 삼두정치 체제를 이루자 로마의 카이에타에서 그를 참형에 처했다.

마르쿠스 키케로는 뛰어난 재능에도 자신을 지나치게 내세우고 입과 행동이 가벼워 미움을 샀고, 급기야는 죽임을 당하고 말았다. 지나친 잘난 척은 스스로를 부덕하게 만들고 사람들로부터 경박한 사람이라는 비난을 산다. 지나친 잘난 척은 절대 금하라.

사람들은 잘난 척하는 사람을 보면, 겸손하지 못하고 교만하다고 생각한다. 교만한 사람을 좋아할 사람은 없다. 잘난 척하는 사람들은 대개 남 앞에 나서는 걸 좋아하는데, 그러면서 눈치 없이 행동하고 경거망동하면 사람들은 그를 예의가 없는 사람으로 낙인찍어 버린다. 예의가 없는 사람은 사람들로부터 경계의 대상이 된다.

사람들은 잘난 척하길 좋아하는 사람을 인격이 갖추어지지 않은 가벼운 사람으로 여긴다. 가벼운 사람은 꼭 문제를 일으키게 되어 있다. 가벼운 입, 가벼운 행동은 문제의 불씨를 언제나 안고 있는 폭탄과 같기 때문이다. 그런데 그것을 알고도 그런 사람과 가까이한다는 것은 자신 또한 그와 같은 부류라는 것을 스스로 인정하는 것과 같다고 생각하기에, 사람들은 이런 이들을 되도록 멀리하려 한다.

"남이 자기를 칭찬하여도 자기 입으로 자기를 칭찬하지 마라."

이는 《탈무드》에 나오는 말로, 스스로를 자랑하고 잘난 척하지 말고 겸허해야 함을 의미한다.

know-how 잘난 척을 경계해야 하는 이유

★ 자신을 스스로 자랑하는 것은 사람들을 자신으로부터 멀리 떠나가게 하는 어리석은 행위이다. 좋은 이미지를 심어주고 사람들과 좋은 관계를 갖기 위해서는 잘난 척은 절대 금하라.

★ 좋은 인간관계를 맺고 싶다면 겸허하게 말하고 행동하라. 겸허한 사람에겐 정이 가고, 함께해도 손해 볼 일이 없다고 믿게 된다. 그래서 겸허한 사람은 누구에게나 환영받는다.

★ 속이 꽉 찬 항아리는 소리가 나지 않는 것처럼 경거망동을 삼가고 말과 행동을 신중히 하라. 언행이 신중한 사람이 신뢰를 받는 것은 믿음을 주기에 부족함이 없기 때문이다.

사람들과 대화를 하거나 논쟁을 할 때, 또는 소통을 잘하기 위해서는 잘난 척하거나 자랑해서는 안 된다. 그것은 사람들을 자신으로부터 멀리 떠나가게 하는 어리석은 행동일 뿐이다. 당신이 아름다운 인간관계를 맺고 싶다면 이를 각별히 유념하고 겸허하게 말하고 행동해야 한다. 사람들은 그런 당신을 좋아하고 당신과 소통하길 원할 것이다.

잘난 척 삼가기 키포인트

● 자신을 스스로 자랑하는 것은 사람들을 멀리 떠나가게 하는 어리석은 행동이라는 것을 기억하라.

● 좋은 인간관계를 맺고 싶다면 겸허하게 말하고 행동하라.

● 속이 꽉 찬 항아리는 소리가 나지 않는다는 것을 기억하고 언제나 말과 행동을 신중히 하라. 언행이 신중한 사람은 신뢰를 받는다.

이미지의 요소 중 시각적인 요소는 55퍼센트로
표정, 자세, 몸짓, 동작,
눈맞춤, 시선, 의복, 화장, 체형, 건강상태로 분류하고,
청각적인 요소는 38퍼센트로
음성, 발음, 말투, 말의 속도, 음조 등으로 분류하며,
말의 내용이 이미지에 미치는 영향은
7퍼센트에 불과하다.

— 앨버트 메라비언이 말한 '메라비언의 법칙' —

짧 게
간결하게
자신있게

Talk

| 초판 | 1쇄 인쇄 2018년 09월 12일 |
| | 1쇄 발행 2018년 09월 27일 |

지은이   김옥림
펴낸이   박영철
펴낸곳   오늘의 책

마케팅   박철우
책임편집   김정연
디자인   홍시 송민기

주소   121-894 서울시 마포구 잔다리로7길 12 (서교동)
전화   070-7729-8941~2
팩스   031-932-8948
이메일   tobooks@naver.com
블로그   blog.naver.com/tobooks

등록번호   제10-1293호(1996년 5월 25일)

ISBN   978-89-7718-384-1 03190